KB130910

고래지느러미

최미정 소설집

꼬리치는 럼미

작가의 말

이 책은 코로나가 준 선물이라고 할 수 있다. 팬더믹이 시작되기 전 나는 시간이 나면 여행을 떠났다. 그것은 여행이 주는 즐거움을 찾기 위함도 있었지만, 그것보다는 이유를 알 수 없는 답답한 마음에서 벗어나고 싶어서였다. 그러나 여행은 어떤 해결책도 되지 못했다. 내가 군중에 휩쓸려 살아왔다는 것을 안 순간 삶의 모든 것에 그래서? 라는 물음표를 붙였다. 여행했는데 그래서? 돈을 모았는데 그래서? 또는 힘든데 그래서? 열심히 살았는데 그래서? 이 모든 그래서 뒤에 해답을 찾지 못했다. 장님이 코끼리를 만지는 것 같은 부분에 지나지 않는 삶을 살고 있는 것 같다는 생각이 들었다.

전체를 보고 싶었다. 전체를 보기 위해서는 넓고 높은 곳이 필요했다. 높은 곳이라고 생각했던 알프스나 넓은 곳이라 생각했던 몽골의 사막도 좁디좁은 지구의 한 곳에 불과했다. 나는 지구의 어떤 곳에서도 넓음을 보지 못했다. 너무 좁았다. 나는 비행기로 이삼일이면 어디든 도착할 수 있는 아주 작은 행성에 살고 있었다. 이곳을 벗어날 수 없다고 생각하자 감옥에 갇힌 죄수가 된 느낌이었다. 살아가는 일이 허무하기 짝이 없을 뿐 아니라 무의미하기까지 했다. 그런 감정이 내 안에서 돌멩이처럼 굳어지더니 점점 무거워졌다. 나는 그 무게에 지쳐가고 있었다.

그러던 중 세계적인 팬더믹 상황이 사람들을 모두 독방에 가두어 버린 낯선 일이 발생했다. 그 낯선 일이 내 글쓰기의 시작점이었다. 글을 쓰는 일은 마음을 향해 걸어가는 여행길이었다. 어둠만이 존재하는 공간일 줄 알았던 내면에 우주가 있었다. 그제야 지구를 바라보며 답답해하던 지난날의 나를 이해할 수 있었다. 나는 이 거대한 우주를 찾고 있었던 것이다. 내가 가고 싶었던 여행길이 내면에 있다는 사실이 깨달음처럼 다가왔다. 그곳에서 나 자신이 사랑이었음을 알게 되었다. 나를 사랑하자 다른 사람도 사랑할 수 있었다. 다른 사람을 사랑하자, 그제야 삶이 사랑이라는 것과 모든 것이 다 괜찮은 상태였다는 것을 알았다. 현실의 모든 것들 ─이전에 아름다움이라고 생각했던 것과 아름답지 않다고 생각했던 모든 것들(심지어 좋다고 분류한 것은 받아들이고 싫다고 생각한 것은 인정하지 않았던 것들)- 이 모두 다 괜찮은 것이었다. 어떤 형태의 감정이든, 어떤 삶이든, 사랑이고자 하는 모든 것은 있는 그대로 다 완전한 것이었다. 그것을 발견하자 나는 보이는 것과 보이지 않는 모든 것을 글로 적을 수 있었다.

말로 표현하는 것을 어색해하는 이들에게 글이 있다는 것은 참으로 고마운 일이다. 글을 짓는 것은 타작한 마당에 늘어놓은 콩을 고르는 일과 닮아서 끝없이 나오는 벌레 먹은 콩을 손으로 집어내는 것 같은 작업이었다. 나는 앞으로도 그 일을 계속하게 될 거라는 것을 안다. 그것이 나를 가장 높고 넓은 곳으로 데리고 가는 여행이라는 사실을 알게 되었으니까.

끝으로 나의 모든 일을 도와주고 지지해 준 우리 가족, 또한 이 책이 출간되기까지 옆에서 격려해 주신 선생님, 나와 같은 길을 걸으며 조언과 격려로 힘이 되어주는 필우들에게도 감사 인사를 전한다.

차례

내게로 온 너

일상이다.

맞춰야 할 퍼즐 한 조각이 생긴 것 말고는 오 년 전과 달라진 게 아무것도 없었다. 나는 운전대에서 한 손을 떼고 목걸이를 만지작거리며 그에게 물었다.

"아니지?"

대답이 없었다. 당연하다. 그는 이미 죽었으니까. 그의 죽음으로 인해 지구에서 한 사람이 사라지는 것은 먼지 하나가 사라지는 것처럼 사소한 일에 불과하다는 것을 알게 되었다. 물론 삶이 불완전하다는 것과 그 영역은 인간의 힘으로 어쩔 수 없는 부분이라는 것은 이미 알고 있긴 했다. 하지만 아침에 멀쩡하게 출근한 사람의 사망 소식을 점심 식사 도중에 듣게 되는 것은 경험하지 않은 사람들이 상상하는 것보다 훨씬 충격적인 일이었다. 그 당시만 해도, 즉 다시 말해 그의 죽어가는 모습을 목도한 직후만 해도, 이렇게 평온하게 살아가리라고는 생각하지 못했다. 그를 따라 곧 죽게 되거나 남은 인생을 우울증 환자로 살게 될지도 모른다고 생각했다. 하지만 나는 죽지 않았고, 우울증 환자가 되지도 않았다. 그러나 가끔 나도 모르게 지금까지 경험한 적 없는 크고 무거운 감정에 휩싸일 때가 있었다. 절망을 닮은 아픔 같기도 하고, 삶을 허무하기 짝이 없게 만드는 공허감 같은 것이기도 했다. 여러 감정 중에 가장 강렬한 것은 아픔이 섞인 절망이었다. 나는 그의 죽음을 오랫동안 슬퍼하며 아파했다. 그러다가 문득 내가 슬퍼하고 있는 부분이 훌쩍 떠난 그를 슬퍼하는 게 아니라, 혼자 남게 된 나를 아파하고 있다는 것을 깨달았다. 끝까지 철저하게 이기적일 수밖에 없는(어쩌면 본능이라 나 자신도 어쩔 수 없는) 감정이 내 안에 있는 것을 알아차리고 위선 가득했던 이타적 슬픔에서 슬그머니 빠져나왔다. 그 후 일상으로 돌아와 일용할 양식을 구하는 평범한 삶을 이어가고 있었다. 그의 죽음이 가을처럼 지나가고 눈이 내렸다. 봄을 알리는 연둣빛이 사라지자, 작열하는 태양이 태초부터 늘 그래왔듯이 기쁨이 충만한 계절의 문을 여닫았다. 나는 그를 완전하게 보냈는지 생각해 보았다. 만약 죽음이 끝이라면 그는 이곳에 존재하지 않아야 한다. 하지만 아직도 그는 깨끗이 지우지 못한 연필 자국처럼 아직도 내 삶 곳곳에 남아있었다.

그가 죽고 나서 그의 물건들을 정리했다. 다른 물건들과 달리 그가 타던 자동차를 버리지 못했다. 그는 물욕이 많은 사람은 아니었지만, 자동차에 유난히 애착이 많았다. 내가 타던 차를 팔고, 그의 차를 고쳐서 타기로 마음먹었다. 사망 사고가 난 것에 비하면 자동차는 고칠 데가 많지 않았다. 뒤쪽 범퍼와 엔진을 갈고 찌그러진 곳과 긁힌 부분을 손보았다. 타이어를 교체하고 나니 겉으로 보기에 새로 산 차 같았다. 그 자동차로 출퇴근을 하면서 내 삶을 그와 공유하고 있는 듯한 기분이 들었다. 그로 인해 약간의 안정감을 느꼈다. 그런데 얼마 전부터 자동차 엔진 소리가 이상하더니 급기야 주행 중에 멈추기까지 했다. 하기야 그가 삼 년 탔고, 내가 오 년을 더 탔으니 슬슬 고장 날 때가 되긴 했다.

자동차를 수리하러 카센터에 갔더니 직원이 비용이 만만찮을 것 같은데 고치실 거냐고 물었다. 나는 그러겠다고 대답했다. 다른 자동차로 바꾸실 계획이 있으시면 간단하게 고쳐 드리고요, 하고 직원이 다시 말했다. 이 차는 연비도 그렇고 완전히 고치려면 시간도 오래 걸리는 데다가 고치려면 웬만한 중고차 값이 들 것 같은데요. 그래도 고치실 건가요? 나는 그의 물음에 그러겠다고 대답했다. 직원은 오래된 외제 차를 고집하는 나를 이해할 수 없다는 듯 쳐다보더니 어깨를 으쓱하면서 하긴 내 돈 드는 것 아니니까, 하고 말했다. 그의 예의 없는 태도를 보며 어떤 사람에게는 보이는 부분보다 훨씬 중요한 다른 것이 있을 수 있다는 것을 가르쳐주고 싶었다. 이 와중에 가르치려 들다니… 피식 웃음이 나왔다.

자동차를 정비소에 맡기고 보름이 지났다. 출근길에 수리가 다 되었다는 연락을 받고, 점심시간을 이용해 카센터에 갔다. 직원이 검은 수첩 하나를 내밀었다. 서비스로 자동차 실내 청소를 하려고 의자를 분리했더니 의자 밑에 있었다고 했다. 직원은 의자 밑에 그물모양의 거치대가 설치된 부분을 가리키며 내가 그것을 달았냐고 물었다. 아니라고 하자 누가 일부러 설치한 것처럼 보인다고 말했다. 내가 오 년이나 차를 타면서도 발견하지 못한 것이 당연해 보일 정도로 수첩은 깊은 곳에 있었다.

나는 그것을 받아들고 가만히 서 있었다. 오랜만에 그의 물건을 보니 그를 만난 듯한 기분이 들었기 때문이다. 귀중품을 다루듯 조심스럽게 수첩을 펼쳤다. 그를 닮은 글씨가 정연했다. 수첩에 적힌 깔끔한 글씨를 보니 그가 지나치게 깔끔하게 내게 선을 긋던 때가 생각났다. 원하는 대부분이 이루어지던 때가 있었다. 그렇다고 거창한 뭔가가 있었던 것은 아니다. 다만 학교에서 인기가 많았던 나는 고등학교 시절에 그것을 권력처럼 휘두를 때가 있었다는 뜻이다. 그 일을 지금 생각하면 부끄럽기 짝이 없는 어린 시절 객기 같은 것이었다. 그를 보고 반한 것은 봉사활동을 하던 날이었다. 그가 불쑥 내 눈에 들어왔다. 같은 반을 하면서 계속 보았는데 어느 날 갑자기, 그것도 몇 초도 안 되는 한순간에, 눈에 쑥 들어온 것은 이해가 안 되는 일이었다. 하지만 그런 일이 내게 일어났다. 그는 휴지를 줍기 위해 팔을 걷어붙이고 있었다. 나는 청소하는 내내 그를 쳐다보았다. 그는 키가 큰 편도 아니었고, 약간 마른 몸에 오히려 작은 편에 속했다. 그렇다고 얼굴이 잘생긴 것도 아니었다. 그가 친구와 이야기할 때 수줍음을 담은 표정 때문에 좋아했던 것 같다. 특히 고르고 흰 치아로 웃을 때는 가슴이 두근거렸다. 그날부터 나는 학교에서 그의 주

16

위를 맴돌며 눈을 떼지 않았다. 그러나 그는 관심이 없었다. 그래서 초조했던 것일까? 이런저런 구실을 만들어 그를 불러냈다. 서투르게 그를 만졌다. 그에게 입을 맞추고 그의 가슴을 더듬고 바지를 내렸다. 그때 그에게서 향긋한 비누 냄새가 났었다.

수첩에는 여러 가지 색으로 글씨가 적혀 있었다. 빛이 바래 흔적만 남은 자국만으로도 그가 무슨 색으로 적었는지 알 것 같았다. 그는 늘 전시회가 있는 날은 빨간색으로, 출강하는 날은 파란색, 가족의 경조사는 초록색 형광펜으로 칠하던 것이 생각났다. 빼곡하게 적혀 있는 일정 사이에 네임펜으로 쓴 굵은 글씨가 눈에 띄었다. 미불사라는 글자에 동그라미가 여러 겹 칠해져 있고, 그 옆에 란주라는 이름에도 덧칠된 동그라미가 이름을 강조하듯 칠해져 있었다. 란주 옆에 주연이 돌이라는 글자에는 느낌표가 세 개 붙어 있었다. 동양화를 전공한 그가 민화에 관심을 두고 있다는 것은 이미 알고 있었다. 그렇지만 일주일에 한 번 정도 자주 절에 다녀온 흔적은 나를 혼란스럽게 했다. 란. 주. 란… 주… 어디선가 들어본 이름이었다. 나는 손톱을 물어뜯으며 아주 깊이 생각했다. 그러자 잊고 있었던 그의 마지막 날의 모습이 떠올랐다.

교통사고가 있던 날, 나는 말로 표현하기 힘든 어떤 감정에 휩싸여 있었다. 점심을 먹다가 전화가 울렸을 때 사레에 걸리기까지 했다. 발신 표시가 그였음에도 불구하고 가슴이 쿵 하고 내려앉았다. 그것은 돌이킬 수 없는 일이 일어났다는 것을 알려주는 하늘의 메시지였다는 것을 나중에 알게 되었다. 전화를 받았다. 나는 평소와 다르게 응. 이 아닌 네. 라고 대답하며 왜 이러는 거지? 라고 생각했다. 수화기 너머에서 낯선 목소리가 다급하게 교통사고 소식을 전해 주었다. 목소리가 긴장되고 빠르게 이야기했다. 이 전화가 남편분 거 맞으시죠? 네, 그런대요. 지금 남편분이 병원으로 가고 있어요, 남편이 의식이 없으니 빨리 오셔야 할 것 같습니다. 나는 목소리가 가르쳐 준 병원으로 달려갔다. 병원에 도착해서 헐떡거리면서 이야기했을 것이다. 진정되지 않는 가슴이 계속 두근거리고 있었으니까. 간호사가 환자 이름을 물었다. 그의 이름을 말했다. 그러자 간호사가 차트를 찾고 있었다. 내가 면회하겠다고 하자, 간호사는 대답하지 않았다.

"얼굴만 보고 나오면 안 될까요? 꼭 봐야겠어요. 그래야 할 것 같아요."

간호사는 면회를 허락해도 되는지 아닌지를 결정하지 못한 얼굴로 머뭇거리고 있었다. 그때 담당 의사가 왔다. 나는 의사를 붙들고 간청했다. 의사가 잠깐 생각하고는 환자에게 충격이 있어서는 안 되니 아주 짧게 면회하게 하라고 간호사에게 지시했다. 간호사를 따라 응급실로 들어갔다. 간호사가 벽 쪽에 반쯤 열어놓은 커튼을 마저 열었다. 침대에 링거액과 기계 장치를 달고 그가 누워 있었다. 평소 얼굴빛과 다르게 검누렇게 부은 얼굴이었다. 외상이 크지 않아서인지 심하게 다친 것처럼 보이지 않았다. 마음이 놓였다. 나는 그의 손을 잡으려고 했다. 간호사는 환자를 만지면 안 된다고 다급하게 제지했다. 간절해 보이는 눈빛 때문이었는지 모르지만, 다시 조심스럽게 그의 손을 잡았을 때, 간호사는 아무 말도 하지 않았다. 그리고 조금 후에 오겠다고 말하며 환자에게 충격이 없게 하라고 하고는 커튼을 열고 나갔다. 나는 손등에 있는 그의 상징과도 같은 점을 만졌다. 엄지와 검지 사이에 있어 손가락을 오므리면 보이지 않다가 활짝 펴면 타원으로 보이는 점이었다. 힘이라고는 없는 그의 손이 풀어지듯 놓여 있었다. 나는 잡은 손을 통해서 그의 몸에 공존하고 있는 삶과 죽음을 동시에 느꼈다. 온기와 섞여 있는 냉기. 그것을 말로 정확하게 표현할 길이 없었다. 하지만 그것은 전화가 울렸을 때 철렁했던 감정과 일맥상통하는 것이라는 생각이 들었다. 예감을 직감으로 느끼게 하는 어떤 부분이었다. 그는 마치 내가 오기를 기다리기라도 한 듯 손을 움직였다.

나는 조심스럽게 손에 힘을 주며 내가 왔다는 것을 그에게 알렸다.

"라… ㄴ… 주…"

거친 숨소리 사이로 나오는 허스키한 낮은 그의 목소리가 낯설었다.

"뭐라고? 란… 주… 라고?"

나는 그의 입 쪽에 귀를 대고 낮은 목소리로 물었다.

그의 숨소리가 불규칙하게 커졌다.

"주… 여… ㄴ… 이…"

"말하지 마. 나중에, 나중에 괜찮아지면 말해."

그의 불규칙한 숨소리가 늘어났다 짧아졌다 하고 있었다.

"이… ㄴ… 여ㅇ… ㅑ… 미… 안… ㅎ…"

그는 꼭 해야 할 말이 있는 사람처럼 보였다.

"…"

그는 거친 호흡 사이로 무언가를 말했다. 소리 없이 입

모양으로만 말하는 그의 말을 알아들으려고 온 신경을 곤두세웠지만, 결국 무슨 말을 하는지 알 수 없었다. 그는 마치 그 말을 하기 위해 잠시 정신을 차린 사람 같았다. 그가 그 말을 하고 나서 모든 것을 내려놓았다는 것을 느낄 수 있었다. 그의 몸에서 툭, 하고 생명이 죽음으로 떨어지는 소리가 잡은 손을 통해 들렸다. 그 소리가 너무 생생해서 내면이 아니라 밖에서 들렸다고 생각할 정도였다. 죽음이 그의 혈관을 따라 돌며 속도를 내고 있었다. 나는 그것을 선명하게 인식하면서도 잡은 손을 놓지 않았다. 죽음이 순식간에 내게 건너올지도 모른다고 생각했다. 그 순간 진실로 그렇게 되기를 간절히 바랐다. 그와 함께 죽어도 괜찮을 만큼 그에 대한 나의 사랑은 진실이었다. 그에게 달려 있던 기계에서 경고음이 들렸다. 간호사가 커튼을 획 열어젖혔다.

"밖에서 기다리세요."

차갑게 명령하는 목소리에 복종했다. 나는 빠르게 응급실을 벗어났다. 그래야 그가 위기 상황에서 벗어날 수 있기라도 하다는 듯이. 복도 끝에 있는 의자에 가서 앉았다, 그러나 얼마 앉아 있지 못하고 벌떡 일어섰다. 왔다 갔다 하며 손톱을 입에 넣고 물어뜯었다. 그렇게라도 하지 않으면 감정을 진정시킬 수가 없을 것 같았다. 사실 그렇게 해도 불안한 감정이 진정되지는 않았다. 얼마의 시간이 흐르고 응급실 문이 열렸다. 유령처럼 걸어오는 의사를 보고 나는 벌떡 일어섰다. 의사가 내 앞에 서며 말했다.

"전성진 님 보호자시죠?"

나는 한쪽 손으로 다른 팔을 잡고 의사와 마주 보고 섰다.

최선을 다했지만… 의사에게는 많은 죽음 중 하나였을 것이다. 나는 왠지 젊은 의사가 진심으로 이야기하고 있다고 느꼈다. 흠… 하고 길게 내쉰 의사의 한숨이 얼마나 애썼는지를 보여주었다. 나는 의사의 진지하고 어두운 표정을 보았을 뿐, 그의 말을 끝까지 다 듣지는 못했다. 그가 죽었다는 결론이 가장 먼저 들렸기 때문이다. 멍하니, 그렇다. 멍하니, 그를 보냈다. 화장장에서 작은 항아리에 담긴 따뜻한 그를 안았다. 그때 나는 그를 그대로 보낼 수 없다고 생각했다. 가루가 된 그를 다시 태워서 유골 보석으로 만든 것도 그 이유에서였다. 유골 가루가 보석으로 바뀌는 것을 지켜보았다. 보석이 된 유골은 각자의 색을 드러냈다. 옥색, 상아색. 초록색, 연한 분홍빛, 검은색도 있었다. 아름다웠다. 그것을 보고 어쩌면 인간은 내가 생각했던 것보다 훨씬 아름답고 고귀한 존재일지도 모른다고 생각했다. 보석이 된 유골들은 같은 색이 하나도 없었다. 마치 세상에 같은 사람이 한 사람도 없는 것처럼. 그는 진주 정도의 크기의 보석으로 바뀌었다. 투명한 유리구슬 같았다. 생전 그의 모습처럼 맑았다. 그러나 자세히 보니 완전한 투명이 아니었다, 군데군데 회색이 불투명하게 덮여 있었다. 그중 하나를 골라 목걸이를 만들었다.

나는 운전을 하며 목걸이 속 그에게 자꾸 말을 걸었다. 그것은 그로 인해, 정확히는 그가 남긴 수첩으로 인해, 내가 마주해야 할 현실이 두려울지 모른다는 불안감 때문이었다.

집에 들어와 유골 보석이 담긴 상자 앞으로 다가갔다. 상자 뚜껑을 열고 수첩을 그에게 내밀었다. 그래야만 그가 수첩을 보기라도 한다는 듯이.

"아니지? 당신이 설마? 하지만 오늘은 여기까지 하자. 당신 봐야 한다고 태석이랑 민진이 온댔으니까."

나는 그를 만지고 있다가 뚜껑을 닫았다. 그는 나를 완전히 잊었을지도 모른다. 그가 죽은 다음에 오히려 그를 더 많이 생각하는 나와는 반대로.

그가 꿈에 나타난 것은 죽은 지 삼 일째 되던 날이었다. 꿈의 배경이 된 곳은 그와 처음 만났던 고등학교 뒷산이었다. 우리는 현실처럼 봉사활동 점수를 받기 위해 학교 뒷산 등산로를 청소하고 있었다. 그는 처음 만났을 때처럼 빛나고 있었다. 졸업 후에 한 번도 간 적 없고 심지어 학교생활할 때조차도 다시 간 적 없는 그 산이 꿈에 나타난 것은 의외였다. 연둣빛 잎사귀로 보였던 봄 산이 갑자기 눈으로 덮여 있었다. 마치 에베레스트나 알프스처럼 만년설이 덮인 상태였다. 절대로 녹아내릴 것 같지 않은 두꺼운 얼음으로 바뀐 산은 현실에서보다 훨씬 높았다. 그곳에 그가 나타났다. 비현실적이게도 그는 아주 얇은 흰 도포를 입고 있었다. 그는 천천히 하늘로 올라가고 있었다. 나도 그를 따라 올라가고 있었던 모양이었다. 마치 드론으로 촬영하고 있는 것처럼 산 풍경이 점점 아래로 보였다. 산은 수묵화의 일부처럼 흰색과 짙은 회색과 검은색뿐이었다. 나는 그를 따라 하늘로 올라가면서 죽음이 무채색일지도 모른다고 생각했다. 그는 아무 말을 하지 않았다. 그저 웃고만 있었다. 평온해 보였다. 그때 나는 고르고 흰 그의 치아를 보지 못했다. 그게 다였다. 그 후 그는 다시는 꿈에 나타나는 일이 없었다.

초인종이 울렸다. 태석이였다. 현관문을 열었다. 그가 신발을 벗고 거실로 들어서며 내 얼굴을 살폈다. 그는 언제나 나를 살핀다. 내 얼굴을, 눈을, 그리고 내 마음을 보려고 애쓴다. 나를 바라보던 그가 얼굴이 벌겋다고 했다. 그리고 무슨 일 있었냐고 물었다. 나는 아무 일 없다고 대답했다.

"성진이 그 녀석 말이야. 지금 우리 보고 있겠지?"

태석이 그렇게 말한 후, 내 대답을 기다리고 있는지 한참이 지나도록 아무 말도 하지 않았다. 그래서 나는 아닐 거라고 대답했다.

"아마 보고 있을걸. 지금도 저기 있을 거야. 저기 봐라, 저기. 내가 인영이 너 어떻게 할까 봐 눈도 못 돌리고 있는 것 안 보이냐?"

나는 그의 농담이 웃기지 않아서 웃지 않았다. 그가 가리킨 창밖으로 눈길을 보냈다. 하늘에 주황색 노을이 절정으로 치닫고 있었다. 날마다 다른 모습을 하는 노을을 보며 우리는 같은 노을이라고 착각할 때가 있다. 지금 바라보는 저 노을은 오늘 자신의 생을 마감하고 있을지도 모른다.

태석의 저 농담 안에 진심이 들어있다는 것을 나는 알고 있다. 성진과 결혼을 며칠 앞두고 친구들과 술자리를 가진 적이 있었다. 태석은 긴장한 얼굴이었다. 그는 벌겋게 충혈된 눈으로 나를 한참 바라보았다. 그는 친구들이 웃고 떠드는 틈을 이용해 내 귀에 대고 이렇게 말했다. 고등학교 때부터 널 좋아했다고, 네가 성진을 좋아해서 아무 말을 할 수 없었다고, 하지만 지금 이 말을 하지 않으면 후회할 것 같아서 말하는 거라고, 너를 좋아하고 있고 앞으로도 그럴 거라고, 그러니 기다리겠다고. 그때 그의 목소리가 긴장으로 인해 떨리고 갈라지고 있었다. 그의 진심을 느꼈다. 그러나 그날 이후 태석은 다시는 그런 말을 하지 않았고, 마치 그 이야기를 한 적 없었던 것처럼 행동했다. 나 또한 그 말을 들은 적 없었던 것처럼 그를 대했다.

민진이 오기 전에 대형마트에 다녀오기로 했다. 거대한 음식물 저장고 같은 대형마트에 들어서자 머리가 하얘졌다. 이렇게 많은 물건 중에 내가 필요한 작은 것을 찾아야 한다고 생각하니 갑자기 현기증이 났다. 나를 살피던 태석이 말했다. 성진이 녀석 포도주 좋아했잖아. 너 그거 사러 온 거야. 태석은 샤토 페트뤼스와 크뤼그 중에서 하나를 고르라고 했다. 나는 그가 권하는 두 가지를 모두 담았다. 그제야 포도주를 즐기던 그가 떠올랐다. 나는 그가 포도주를 잔에 따르는 것을 보며 마른 몸과 잘 어울린다고 생각했다. 그는 냄새를 맡고, 입에 와인을 조금 머금고 한참 입 안에서 굴렸다가 삼켰다. 마치 영화에 나오는 외국 배우처럼. 그리고는 막걸리를 먹고 김치 조각을 입에 넣듯 치즈

조각을 입에 넣었다. 그는 치즈를 살 때 포장지에 있는 글씨를 꼼꼼히 읽었다. 그러나 늘 마지막에는 리코타 치즈와 유학 시절 맛보았던 치즈 하나를 사는 것으로 그의 쇼핑은 마무리되었다. 나는 그가 고르던 치즈를 떠올리며 한 묶음 골랐다. 그다음부터는 생각 없이 이것저것 물건을 담았다. 대부분 먹을 것들이었다. 혼자 오면 절대 사지 않을 많은 양이었다. 태석은 무거운 박스를 당연하다는 듯 들어 올리고 내렸다. 내 얼굴을 빤히 보는 그의 눈빛이 느껴졌지만, 나는 의도적으로 눈을 마주치지 않았다.

집에 들어왔을 때, 민진이 전화했다. 유치원 행사에 갔다가 발목을 다쳐서 못 올 것 같다는 이야기였다. 그러면서 고등학교 때 절친이었던 자신이 가지 않으면 성진이 많이 섭섭해할 거니까 잘 말해 달라고 부탁했다. 나는 알았다고 말하며 전화를 끊으려고 했다.

"잠깐만. 혹시 우경이가 생각나니?"

기억이 안 난다고 대답했다.

"나 오늘 유치원에서 우경이 아들을 봤는데 너무 놀랐어."

왜 놀랐냐고 물었다. 그러자 다음에 직접 보면 알게 될 거라고 말했다.

내가 통화를 하는 동안 성진이와 이야기를 하는지 거실에서 태석의 나직한 목소리가 간간이 들렸다. 거실에 나오자 그가 유골 보석이 담긴 상자를 뚜껑을 닫고 있었다. 민진이가 다쳐서 못 오게 되었다고 말했다. 많이 다쳤냐고 물었다. 그런 것 같지는 않다고 대답했다. 나는 포도주를 따르고 치즈를 먹기 좋게 잘라서 쟁반에 담았다. 상자를 열었다. 그래야 영혼에 그 속에 빠져나오기라도 하는 것처럼.

창밖이 어두워져 있었다. 태석은 내가 치즈를 잘라 성진에게 내미는 것을 보고 있다가 창 쪽으로 가더니 밖을 내다보았다. 나는 와인을 잔에 따른 다음 그에게 내밀었다.

"그런데 말이야. 이 사람에게 나 말고 다른 여자가 있었을까?"

태석이 아닐 거라고 대답해 주기를 바라며 물었다.

"그야 아무도 모르지. 그런데 너 말이야, 성진이가 진짜 이슬만 먹는 놈인 줄 알았냐? 너는 남들 보기에는 저만 위해 살 것처럼 보이는데, 희한하게 그렇게 안 살더라."

"어쩌라고?"

나는 짜증을 냈다.

"정신 차리라고!"

태석이 화를 냈다.

"야, 너는?"

태석이 한숨을 쉬고 나서 다시 말했다.

"인간적으로 인제 그만해야 하는 것 아니냐. 너는 내가 널 어떻게 생각하는지 뻔히 알면서… 지금 나 가지고 노는 거지? 내가 죽은 녀석한테까지 질투를 느껴야겠냐?"

"내가 뭘 어쨌다고 그래?"

"진짜 모르는 거냐? 모르는 척하는 거냐?"

태석이 씩씩거리며 다가왔다. 나는 뒷걸음질 쳤다. 그러자 그가 내 어깨를 잡았다.

"왜 이래, 미쳤어?"

태석이 벽 쪽으로 나를 몰아붙이고 키스했다. 그의 혀가 내 입속으로 들어왔을 때 다리에 힘이 풀렸다. 나는 그를 밀어내지 않았다. 사랑해, 뜨거운 숨소리인지 낮은 목소리인지 분간이 안 되는 목소리로 그가 씩씩거렸다. 태석과 함께 누운 침대에서 성진을 생각했다. 나 말고 다른 여자가 그에게 있었다면, 그건 내 인생을 송두리째 배신했다고 말해도 과언이 아니다. 나는 그를 선택하고 나서 그 후로 다른 사람에게 눈을 돌린 적이 없었다. 만약 수첩을 보고 내가 의심하는 그런 일이 실제로 있었다면? 상상하기도 싫었다. 아닐 거야. 아니어야 하고.

태석이 잠든 것을 확인하고 나서 수첩을 들고 소파에 앉았다. 수첩을 다시 찬찬히 훑어보았다. 란주. 성진이 사랑한 여자일까? 그는 왜 나와 결혼한 것일까. 고등학교 졸업 직전, 원인은 나의 일방적인 유혹으로 인한 것이었지만, 아기를 지울 수밖에 없었다. 차가운 수술대에서 죄책감보다는 단순히 수술에 대한 두려움이 더 컸다. 의사는 내가 수술을 원하지 않는다 해도 수술을 할 수밖에 없다고 했다. 의사가 자궁 외 임신이라고 한 것 같기도 하고, 난소에 문제가 있다고도 했던 것 같은데 정확하게 기억나지 않는다. 다만 수술 후에 내가 더 이상 아기를 가질 수 없는 몸이 되었다는 것이다. 그때 나는 이 사건이 내 인생에 문제가 될 것이 아무것도 없다고 생각했다. 아기는 선택의 문제이고 나는 아기가 없어도 괜찮다고 생각했다. 내 인생은 오직 나만을 위해 존재하면 되는 것이었다.

"결혼하자."

그가 말했다. 나는 안 그래도 된다고 말했다.

"내가 그러고 싶어서 그래. 결혼해."

감정이 실리지 않은 목소리로 그가 다시 말했다. 나는 승낙했다. 사실 그가 어떤 마음으로 내게 청혼했는지 궁금하지 않았다. 그와 함께한다는 기쁨만 누리고 싶었다. 어쩌면 그때 나는 그와 결혼하기 위해서 상처받은 나를 슬쩍 팔았는지도 모른다. 나는 실제 가지고 있는 마음보다 훨씬 크게 상처 받은 것 같은 얼굴을 그에게 드러내곤 했었다. 이른 결혼이었다. 우리는 함께 대학을 다녔고 유학을 다녀 왔다. 우리의 결혼은 물맛이 났다. 섹스 없이도 평온했다. 마치 동성 친구와 사는 것처럼 서로를 아껴주었다.

　나는 그가 살았을 때보다 죽은 다음에 훨씬 많이 생각했 다. 그와 함께했던 날의 아주 사소한 부분에 과장해서 의 미를 부여하거나, 그에게서 듣지 못했던 말을 상상으로 지 어내곤 했다. 추억을 과감하게 가공하고 수정했다. 그래서 인지 물 같았던 우리의 사랑이 불처럼 타오르는 강렬한 추 억이 있었던 것처럼 느껴졌다. 내가 사랑이라고 말한 부분 과 그가 생각하는 사랑은 같은 이름에 다른 얼굴은 아니었 을까. 또한 깊이 생각해 보면 추억은 모두 같은 것이 아닐 수도 있다. 바라보는 방향에 따라 추억의 그림이 달라지고 느낀 감정에 따라 완전히 다른 과거가 되었을 수도 있다. 그렇다고 한다면 그와 나는 공유하고 있는 추억이 하나도 없을지도 모를 일이다. 생각이 여기까지 미치자 마음이 훅 가라앉았다. 잊자. 오래전에 일어났던 일이고, 다 지나갔 으니 이제 아무것도 아니다. 설사 그가 다른 여자를 만났다고 해도 이제 와서 그게 무슨 상관이란 말인가. 앞뒤 모르는 일을 추측해 가면서 사실을 밝히고 따져야 하는 것은 피곤한 일이다. 괜히 잘못하다가는 사람 꼴만 우스워 질수도 있다. 이 일을 어찌 생각하면 아주 심각한 일일 수도 있으나 또 한 편으로 생각해 보면 별거 아닌 아주 사소한 일에 불과할 수도 있다. 둘 중 어느 것이라 하더라도 손댈 필요가 없다. 나는 풀지 못한 퍼즐 조각을 휴지통에 그냥 버리기로 했다. 유골 보석이 담긴 상자에 내가 늘 목에 걸고 있던 목걸이를 풀어서 넣었다. 그리고 그것을 봉안당에 갖다 두기로 마음먹었다.

여전히 일상이다.

태석과 함께 살기 시작했다는 것과 성진이 납골당으로 옮겨진 것 외에는 달라진 게 아무것도 없었다.

어느 금요일 오후, 민진이 전화했다. 친정에 갔다가 집에 가는 중인데 사고가 나서 차들이 꼼짝을 하지 않는다는 거였다. 승유를 데리러 유치원에 가야 하는데 아무래도 늦을 것 같다고 했다. 자기 대신 승유를 데리고 와 잠깐만 봐줄 수 있냐고 물었다. 나는 강의를 끝내고 집으로 가고 있는 중이었으므로 그러겠다고 대답했다.

유치원은 큰 도로 옆에 있는 사 층 건물이었다. 주차장은 건물 뒤편에 있었다. 차에서 내리고 보니 주차장 옆에 놀이터가 있었다. 평소 이 건물 앞으로 지나다녔지만 이렇게 큰 놀이터가 있는 것은 알지 못했다. 내가 생각하던 건물 뒤의 모습과 판이하였다. 눈에 보이는 게 전부가 아닐지도 모른다. 낮은 울타리가 처진 놀이터를 지나 건물 입구로 갔다. 유리로 된 문이 잠겨 있었다. 벨을 누르자, 누구세요? 라는 목소리가 스피커에서 나왔다. 승유를 데리러 왔다고 말하자, 덜컹하는 소리를 내며 문이 열렸다. 나는 문을 밀고 안으로 들어갔다. 안에 학부모인 듯한 여자가 서 있었다. 여자는 카디건에 긴 치마를 입고 있었다. 아이를 데리러 온 모양이었다. 승유 선생님으로 보이는 젊은 사람이 나와서 인사를 했다. 나도 가볍게 고개를 숙였다. 선생님은 승유 이모님이시죠? 연락받았습니다. 잠깐만 기다려주세요.라고 말하고 교실로 들어갔다. 낮은 신발장이 빙 둘러 있는 작은 공간에서 아기자기하게 꾸며진 벽과 천장을 보고 있었다. 아이들이 그리고 만든 작품을 보자 그 그림을 그리고 있었을 아이들의 손이 느껴졌다. 재잘거리는 입술과 눈빛이 보이는 듯했다. 사랑스러웠다. 나도 모르게 입꼬리가 올라갔다. 그때 교실에서 어떤 아이가 밖으로 나왔다. 무심코 쳐다보던 나는 깜짝 놀랐다. 아이를 본 순간 성진이 떠올랐기 때문이다. 닮아도 너무 닮았다. 아이는 옆에 있던 여자를 향해 뛰어가며 엄마라고 불렀다. 여자는 주연아, 잘 놀았어? 라고 말하며 아이를 안았다. 아이를 쳐다보고 있던 나는 승유가 나온 것도 몰랐다. 이모. 승유 목소리에 겨우 정신을 차렸다.

그때 옆에 있던 여자가 아이의 손을 잡고 유리문을 밀고 밖으로 나갔다. 나는 승유가 들고 온 신발을 급하게 신기려고 했다. 서두르다 보니 오히려 늦어졌다. 안녕히 가세요. 선생님이 밝게 인사했다. 승유가 두 손을 배꼽에 대고 고개를 쳐들고 허리를 깊게 숙이며 안녕히 계세요,라고 말했다. 나는 천천히 움직이는 승유의 손을 잡고 끌다시피해서 밖으로 나왔다. 여자와 아이를 찾았다. 그러나 그들은 보이지 않았다.

집에 돌아와 민진이 오기를 기다리는 시간이 길게 느껴졌다.

"너, 혹시 주연이라는 애 봤니?"

민진이 왔을 때 더 이상 참지 못하고 궁금한 것부터 물었다.

"주연이?"

"응, 주연이. 나는 왜 그 아이를 보니까 성진이 생각나니? 내가 미친 거 맞지?"

"인영아, 나도 주연이 처음 봤을 때 깜짝 놀랐어. 그래서 지난번에 네가 직접 봐야 할 것 같다고 이야기했던 거고. 결국 비밀은 없는 거니까 이야기할게. 얼마 전에 우경이 만났어. 그때 걔가 자기 이야기를 털어놓더라. 그런데 말이야, 우리가 모르는 사실이 하나 있었더라고. 걔 나름대로 사정이 있었던 모양이더라. 나머지는 내가 말 할 부분이 아닌 것 같다. 나중에 너희 둘이 만나서 이야기해."

승유가 혼자 노는 것이 지겨운지 집에 가자고 졸랐다. 민진은 우경이 전화번호를 보내겠다고 말하고는 아이를 데리고 가 버렸다. 조금 후에 민진이 보낸 문자가 도착했다. 거기에는 우경이 전화번호가 있었다. 전화번호를 저장했다. 나는 전화를 걸어야 할지 말아야 할지를 결정하지 못한 채 핸드폰을 만지작거리고 있었다. 그때 카카오톡에 우경이와 친구가 되었다는 알림이 떴다. 생각지도 못한 연결에 당황했다. 그녀의 카카오톡 프로필 사진에는 아이의 웃는 얼굴이 있었다. 나도 모르게 사진을 눌렀다. 아이 얼굴이 화면을 가득 채웠다. 사진을 넘기자 다시 아이 얼굴이었다. 다시 넘겨도 아이가 뜨고 다시 넘겨도 아이가 있었다. 넘길수록 점점 아이는 작아져서 아기가 되어갔다. 백 장이 넘는 사진이 지나가자, 엄마, 아빠와 함께 찍은 사진 이 나왔다. 아기는 아빠에게 안겨 있었다. 엄마, 아빠의 얼 굴이 하트로 가려져 있었다. 그래야지. 양심이 조금 남아 있나 보네. 불륜 주제에 얼굴을 다 드러내면 안 되지. 당연 히 그래야지. 하지만 아무리 하트로 가려도 아빠가 누구인 지 금방 알 수 있었다. 마지막 사진은 가려놓지 않았다. 셀 카로 찍은 듯, 우경과 성진이 초점이 맞지 않는 눈을 위로 쳐다보고 있었다. 사진 속 성진은 여느 때 보다 활짝 웃고 있었다. 저 때 우경의 배에 주연이 있었을까? 그 생각을 하 자 화가 치밀었다. 심한 수치를 당한 기분이었다.

나는 참지 못하고 전화했다. 그녀가 전화를 받았는지 스 마트폰 화면의 시간이 초 단위로 카운터 되기 시작했다.

"나 인영인데."

수화기 너머에서 아무 소리도 들리지 않았다.

"너 우경이 맞지?"

여전히 소리가 없었다.

"아니다. 란주던가? 우리 한번 만나야 하니 않니?"

그래도 소리가 없었다. 나는 무슨 말을 이어서 해야 할 것 같은데 다음 말이 잘 생각나지 않았다. 왠지 모르게 내가 뭔가 잘못하고 있는 듯한 기분이 들게 하는 침묵이었다. 그러고 나서도 한참이 지난 후에야 목소리가 들렸다.

"내가 왜? 나는 너 만날 일 없어. 순서를 따지면 네가 먼저 사과해야 하는 일이야. 고등학교 때 네가 나에게 했던 짓 생각 안 나니? 너의 아픔은 아픔이고 남의 아픔을 안 보이지? 너는 여전하구나."

우경이 오랫동안 말할 준비를 한 사람처럼 또박또박 이야기했다.

"그게 무슨 말이야? 너는 내가 너희를 갈라놓기라도 했다는 듯이 말한다?"

내가 말했다.

"맞아. 네가 우리 사이에 끼어들었어. 나는 그때 순진해서 아무 말 못 했고. 성진이가 내게 온 것 보면 모르니? 성진이가 좋아했던 사람은 나였다고. 그거 모르겠어?"

우경이가 자신이 피해자라고 말하고 있었다.

"나는 너희들이 사귀는 걸 몰랐어. 그렇지만 너는 아니잖아. 우리가 결혼한 것 알면서도 만났잖아. 그럼, 이 상황은 복수라도 했다는 거니? 일부러 그랬어? 그래서 아이까지… 아, 아니다. 아이가 무슨 잘못이 있겠니? 아이는 빼고 말하자."

어이없게도 내가 절절매고 있었다.

"참 편리하다. 하기야 인간은 누구나 이기적이니까. 말이 나왔으니까 말인데, 고등학교 때 너는 마치 세상이 전부 네 거라는 듯이 다른 사람 안 보고 살았잖아. 마치 세상에 너 혼자 있기라도 한 것처럼 말이야. 나는 아무 잘못이 없어. 옛날에 내 것이었던 것을 찾아왔을 뿐이야. 그러니 네가 무슨 말을 해도 나는 들을 이유가 없어. 그리고 네가 무슨 생각을 하는지 관심 없으니 마음대로 생각해."

우경은 더 이상 말할 가치도 없다는 듯 전화를 끊었다. 아니, 저 여자가! 나도 모르게 욕이 나왔다. 이 황당한 상황을 어떻게 받아들여야 할지 몰라서 얼굴이 벌겋게 달아올랐다. 내가 가해자라고? 알지 못하는 사이에 복수를 당해야 할 만큼 이기적으로 살았다고? 앞뒤 상황을 모르고 한 단순한 실수에도 거기에 대한 책임을 져야 하는가? 여자의 말대로 내가 다른 사람을 배려하지 않고 살았다고 하더라도 그것이 지탄받아야 할 이기적인 일이란 말인가. 나는 복수를 당할 만큼 남에게 함부로 하면서 살지 않았다. 우경이야말로, 아니 그 여자야말로, 내가 결혼한 사실을 알고 성진을 빼앗았다는 건 비도덕적인 일이 아닌가. 란주로 이름을 바꿔가면서까지 의도적으로 나를 가해한 것이다.

화가 솟구쳤다. 여자는 나의 가장 소중한 부분을 빼앗아 갔다. 어쩌면 여자가 아니었으면 성진이 죽지 않았을지도 모른다. 그날 성진이 여자와 함께 있다가 오던 길이 아니었다는 것을 어떻게 증명할 것인가. 생각할수록 용서할 수 없는 조건들이 많아졌다. 나는 여자가 그랬던 것처럼 그녀의 가장 소중한 부분을 빼앗고 싶다는 생각이 들었다. 여자의 가장 소중한 것, 그것은 주연이 일 것이다. 문득 성진이 마지막으로 소리를 내지 못하고 입 모양으로 말하던 것이 생각났다. 그러고 보니 나를 배신한 성진에게 가장 소중했던 것도 주연이었구나. 다시 이야기를 해야 하나? 한 번은 만나야 하지 않을까? 우리 사이에 해결점이 있을까? 하지만 여자는 전화를 받는 순간부터 나를 무시했다. 이 모든 일의 원인을 나에게 전가했다. 화가 났다. 손발이 부들부들 떨렸다. 내가 사라지고 화만 남은 것 같은 기분이 들었다. 며칠 동안 고심했다. 그러나 해결점이 보이지 않았다.

정신을 차리고 보니 나는 유치원 앞에 서 있었다. 놀이터에 놀고 있는 아이들 사이로 주연이가 웃고 있었다. 하얗고 고른 이, 아이의 손에 있는 큰 점, 그것은 성진이라는 증거이다. 그가 내게 온 게 틀림없다. 나는 아이를 향해 손을 내밀었다. 그러자 아이가 내 손을 붙잡았다. 이것 봐. 그

가 나를 찾아온 게 확실하다니까. 마음이 들뜨는 것을 느
꼈다. 나는 아이를 안았다. 내게 다시 온 그를 놓치지 않기
위해 있는 힘껏 달리기 시작했다.

21그램

베란다에서 밖을 내다보고 있었다. 학생들이 등교하는 걸 보니 8시쯤 되었으려나? 불면증 때문에 잠을 자지 못하는 나는 이 시간이면 잠들어 있기 일쑤였다. 하지만 오늘 아침에는 남편이 출근하면서 내뱉은 말 때문에 잠이 확 달아났다.

"당신, 시간도 많은데 뭔가 의미 있는 일을 해보지 그래?"

이 말은 그가 나를 무위도식하는 여자로 보고 있다는 뜻이다. 남편의 말이 바늘이 되어 나를 푹 찔렀다. 그런 비난은 오늘 아침에만 있었던 게 아니었다. 며칠 전 저녁 식사 준비를 하고 있을 때였다.

"당신 나이치고 엉덩이가 너무 내려앉은 것 아니야? 엉덩이 볼륨 신경 좀 써야 할 것 같지 않아?"

그가 조용하고 차분한 말투로 나를 하찮은 존재로 만들었다. 인생을 무의미하게 흘려보내는 것이 너니까, 일어나는 모든 일의 책임이 너라는 듯이. 남편은 뭔가를 묻는 듯이 말하면서 남을 공격하는 버릇이 있다는 걸 알고 있을까. 나는 그와 함께 산 시간만큼 그의 말을 막아낼 힘이 생겼다. 그러나 오늘처럼 그의 공격을 피하지 못한 날에는 숨겨둔 담배를 꺼내 입에 물고 불을 붙였다. 후우우… 담배를 깊게 빨아들이고 그것보다 훨씬 길게 뱉어냈다.

며칠 전 미국으로 이민 간 친구 인희와 통화한 적이 있었다. 이런저런 대화 끝이었다. 골초였던 인희는 담배가 자신의 생명을 보이지 않게 단축시켜 주기 때문에 피운다고 말했다. 나는 지금 자살하고 있는 중이야. 담배를 피울 때마다 인희가 말했었다. 그 말이 떠올라 아직 담배를 피냐고 물었다. 그러자 대마초로 바꿨다고 이야기했다. 맛있냐고 물었다. 그렇다고 대답했다. 얼마나 맛있냐고 물었다.

"담배의 서른 배쯤?" 하고 대답했다.

전화를 끊고 나서 대마초가 필요한 걸까?라고 생각했다. 인희는 내가 담배를 피울 때 뱉는 것을 즐기기 때문에 가짜라고 했다. 진짜든 가짜든 상관없다. 힘든 마음이 담배를 원했다. 한 개비를 허겁지겁 해치우고 두 번째 담배를 입에 물고 불을 붙였다. 한숨 같은 연기를 허옇게 내뿜으며 창밖으로 시선을 돌렸다. 이곳 아파트에서 2차선 도로를 건너면 학교가 있었다. 학교가 언덕에 있어, 8층에서 보면 눈앞에 있는 것처럼 가깝게 보였다. 교문에서 학교 건물까지는 점점 가팔라지는 경사로가 쭉 뻗어 있다. 그 길 한쪽은 축대이고 나머지는 동산이 학교 운동장과 연결되어 있었다.

어떤 남자아이와 엄마로 보이는 여자가 함께 등교하고 있었다. 아이는 학교를 향해 올라가다가 걸음을 멈췄다. 그리고는 오른쪽으로 고개를 두 번 흔들었다. 이어서 오른손으로 오른쪽 귀를 두 번 툭툭 친 다음, 박수 세 번을 쳤다. 아이의 걸음 수를 세어 보았다. 정확히 열두 걸음이다. 열세 걸음을 걸어서는 안 된다는 듯이 다른 사람에게 몸이 부딪혀 휘청하면서도 정확히 열두 걸음을 걸은 후에 멈췄다. 오른쪽으로 고개를 두 번 흔들고, 오른손으로 귀를 두 번, 박수를 세 번 치고, 다시 열두 걸음을 걸었다. 무한 반복되고 있는 이 행동은 어떤 의미일까. 구부정하게 고개를 내민 채로 얼굴을 들지 않는 자세 때문에 아이에게 장애가 있다는 것을 짐작할 수 있었다. 학교 경사로를 오르는 내내 아이는 그 행동을 반복했다. 마치 그것이 학교에 올라가는 의식이라는 듯이. 저 아이는 어떻게 세상을 구겨진 종이 던지듯 버릴 수 있었을까? 타인에 대한 관심을 완전히 버린 채 오롯이 자기 내면을 들여다보고 있는 듯한 아이를 보면서 생각했다. 나도 세상을 버리고 싶다고. 그리고 타인이 존재하지 않는 나만의 내면으로 들어가고 싶다고.

언제부터인지 알 수 없지만, 사람과 사물이 점점 선명하게 보이기 시작했다. 시간이 갈수록 잣대가 점점 엄격해지더니 이제는 아주 꼿꼿해졌다. 들이대는 모든 것이 마음에 들지 않았다. 남편은 우울증이라고 했다. 아니다. 나는 우울하지 않다. 다만 보이는 모든 것에 화가 날 뿐이다.

교문 앞에서 둥글게 서서 이야기하고 있는 학부모로 보이는 여자들을 내려다보았다. 내가 그들을 아는 것은 아니다. 하지만 언제부터인가 지나치게 자식을 사랑하는 듯한 그들의 태도가 내 신경을 건드렸다. 지나치다는 것은 자연스럽지 못하다는 뜻이다. 자연스럽지 않다는 것은 인위적이란 뜻이다. 인위적이란 것은 꾸며졌다는 뜻이고, 꾸며졌다는 것은 위선적일 수 있다는 뜻이다. 그러므로 지나치다는 것은 위선적일 수도 있다는 뜻이다. 그래서 그녀들이 싫다. 아니다. 저들이 내뿜는 열정이 싫다. 사실 그 열정이 지난날의 내 삶의 한 부분을 닮아서 화가 난다. 그것도 아니다. 열정적이었던 내 삶이 무의미한 것임을 깨달았기에 공허해하고 있다. 아니다. 아니다. 삶의 의미를 잃어버려서 절망하고 있다.

학교로 올라가는 아이들과 학부모들을 바라보며 길게 연기를 내뿜었다. 내 시선이 연기를 따라 올라가다가 하늘을 보았다. 올려다보이는 저 하늘은 나의 바다다. 어린 시절 높은 산에 둘러싸인 작은 산골에서 살았다. 그곳에서 하늘은 우물 안에서 보는 것처럼 좁은 것이었다. 4학년 때 처음 바다를 보았다. 그날은 넓음을 처음 본 날이었다. 바다는 아주 먼 곳에 수평선을 그어놓고 그곳이 끝이 아니라 시작이라고 말하고 있었다. 하늘을 품은 바다는 바람으로 호흡하고 있었다. 바다와 하늘은 서로를 안고 있었다. 어쩌면 둘은 같은 것일지도 모른다고 생각했다. 그래서일까? 나에게 하늘은 바다가 되기도 한다. 콘크리트로 정리된 각 잡힌 도시에서 유일하게 숨 쉴 수 있는 공간이 바로 저곳이다. 바깥에 나가는 일이 의미를 잃은 지 오래된 나 같은 이에게 하늘은 바다가 되어 일렁이기도 한다. 바다에서 바람이 불어오길 기다리며 긴 숨을 들이마셨다. 잠깐 마음이 넓어졌다.

시선을 내렸다. 경사로에 남자아이가 올라가고 있었다. 청년처럼 보이는 아이는 옆에 서 있는 여자보다 머리만큼 더 컸지만, 여자 팔에 매달려 있었다. 경비 아저씨가 악수하자고 손을 내밀었다. 아이는 끝내 그 손을 거부하고 여자 뒤로 돌아가 숨었다. 여자는 어디 중요한 자리에 참석할 사람처럼 정장 차림이었다. 긴 머리를 위로 올려서 묶고, 천천히 걷고 있는 여자의 모습이 어딘가 익숙하다고 생각했다. 자세히 보니 현숙이었다. 그러면 저 아이는? 몇 달 만에 본 승현은 몰라보게 커 있었다. 현숙은 승현에게 소매를 내주고 아이에게 끌려가는지 아이를 끌고 가는지 알 수 없는 걸음으로 학교로 올라가고 있었다.

"언니, 나는 밖에 나갈 때 집에서 입던 옷을 대강 걸치고 나갈 수가 없어. 특히 승현이랑 같이 나갈 때는 더 그래. 사람들이 쳐다보는 눈빛이 너무 힘들어."

그녀는 지나치게 신경 써서 입은 옷차림 때문에 오히려 더 이상하게 보일 수 있다는 사실을 알지 못했다. 현숙은 옷차림처럼 자기 삶에 최선을 다했다. 그것은 아마 두렵기 때문일 것이다. 두려움의 대상은 장애아를 낳은 자신일 수도 있고, 자신을 바라보는 타인의 시선일 수도 있다. 자신이 죽은 다음에 혼자 남겨질 승현의 삶에 대한 염려일 수도 있겠다. 또한 임대 아파트에 사는 자신의 처지가 하찮게 보일까 봐 두려워하고 있는 것은 아닐까? 그것도 아니면 혹시 자신을 드러내고 싶은 욕구를 참지 못하고 있는 것은 아닐까? 문득 함부로 현숙을 평가하고 있는 내 모습이 남편의 낮은 목소리와 닮았다는 생각이 들었다. 승현을 데리고 학교로 올라간 현숙이 나무에 가려져 더 이상 보이지 않았다. 그 뒤를 노란 버스가 학교 운동장으로 들어가고 있었다. 꼬리를 물고 들어가는 45인승 버스가 여섯 대다. 버스를 타지 못하는 아이들이 여전히 누군가와 함께였다.

나는 일어서서 창문을 열었다. 방충망까지 열어젖혔더니 신선한 공기가 두 배가 되고, 바깥 풍경도 선명해졌다. 그때 어떤 사람과 이야기하며 통학로를 내려오던 현숙이 나를 본 모양이었다. 언니! 하고 소리를 지르며 두 손을 흔들었다. 그 모습이 경박하다고 생각했다. 현숙 옆에 있는 여자도 어디선가 본 듯하다. 아, 4층 여자다. 여자의 아들도 장애인이었다. 키가 커서 성인으로 보이는 아들과 엘리베이터에 같이 탔던 적이 있다. 나는 쇼핑백을 들고 서 있었다. 그때 갑자기 남자가 (그때는 장애가 있는 줄 모르는 상태였다.) 불쑥 다가와 알아들을 수 없는 한 음절로 소리를 내며 쇼핑백을 열려고 했다. 소름이 끼쳤다. 큰 목소리 때문에 장애인이라는 것을 눈치챘지만, 무방비 상태로 사나운 대형견과 마주한 기분이 들었다. 그때 4층 여자가 아들을 제지하면서 보일 듯 말 듯 한 작은 사과를 했다. 그 후 나는 아이를 만나면 특별한 감정없이 과자를 주기도 하고 제지하기도 했다. 4층 여자와는 엘리베이터에서 마주쳐도 인사한 적이 없었다.

손가락에서 담배가 빠져나가 베란다 바닥에 떨어졌다. 담배를 줍고 나서 고개를 드니 현숙이 보이지 않았다.

얼마 지나지 않아 초인종 소리가 들렸다. 화면에 현숙의 얼굴이 들이민 듯 크게 보였다.

"오늘 해가 서쪽에서 떴나? 언니, 왜 이렇게 일찍 일어났어?"

정장 차림에 힐까지 신은 현숙이 큰 소리로 이야기하며 들어섰다. 그런 그녀의 목소리가 지나치게 크다고 생각했다. 커피? 하고 묻자, 당연. 하고 대답했다. 그리고는 내가 앉았던 의자에 풀썩 주저앉았다. 힘이 드는지 숨소리가 컸다. 나는 커피잔을 테이블에 올려놓으며 불편해 보이는 그녀의 정장 치마를 못마땅하게 내려다보았다. 커피를 후루룩 소리를 내면서 마신 그녀가 커피잔을 내려놓으며 활짝 웃었다. 고운 피부 때문인지 우울함이나 스트레스가 보이지 않는 맑은 얼굴이었다. 아주 잠깐 그녀가 예쁘다는 생각이 스쳤다. 하지만 이내 현숙의 태도로 인해 그 생각이 사라졌다.

"언니, 음악 좀 바꿔. 이건 너무 슬프잖아. 아니다. 으스슨가?"

그녀는 말을 걸러내는 법이 없다. 생각이 말이 되어 곧장 밖으로 튀어나왔다. 그러고는 내가 켜둔 음악이 정말 싫은지 몸을 부르르 떨기까지 했다. 음악을 끄자, 이제 좀 낫네. 했다. 이어 좀 더 밝은 음악을 듣는 것이 어떻겠냐며 충고했다. 대꾸할 가치가 없다고 생각하며 쳐다보고만 있었다. 그녀의 옷에 묻은 실밥이 자꾸 내 신경을 건드렸다.

"언니! 나, 조금 전 무슨 생각 했는지 알아? 행복하다고 생각했어."

나는 대답하지 않았다. 그래도 상관없다는 듯 말을 이었다.

"심지어 감사하다고까지 생각했어. 웃기지? 이유가 뭔지 알아? 승현이보다 장애가 심한 아이 이야기를 들었더니 저절로 감사가 되더라. 남의 불행이 내 행복이 되는 순간이었어. 언니는 나를 보면 어때? 언니의 삶이 다행인 것 같지 않아?"

"이럴 때 그렇다고 해야 하니? 아니라고 손사래를 칠까? 그런 건 묻는 게 아니지."

톤을 높여 그녀의 말을 잘랐다.

"또, 또. 예민해진다, 언니. 그냥 해본 말이야. 아니라는 거 아니까. 그래도 다행인 거는 언니가 가끔 성당에 나오는 거야. 얼마 전 신부님이 그러더라. 인간은 영혼의 무게가 21그램으로 다 똑같대. 그 말을 듣고 다행이라고 생각했어. 승현이도 영혼의 무게를 가지고 있겠지?"

영혼은 죽은 다음에 생각할 일이었다. 현실에 있는 복잡하고 해결할 수 없는 감정만으로도 삶이 벅찼다. 현숙이 계속 말했다. 서울에 이사 와서 힘들어하고 있을 때 언니가 친절하게 대해 준 것을 잊을 수 없다고도 했고, 승현이가 장애가 있음에도 편견 없이 대해 줘서 정말 고맙다고도 했다. 또한 고등학교 때 언니가 공부를 잘해 시골에서 유일하게 명문대에 들어가서 플래카드가 붙었던 이야기도 늘어놓았다.

"그때 언니 짱이었는데."

그 말을 들으며 그때를 기억하려고 했다. 하지만 그때는 꿈처럼 사라지고 없었다. 나는 무엇을 쫓아서 살아왔을까? 차라리 조금 경박해 보여도 자신에게 만족하고 활기차게 사는 현숙의 삶이 더 나은 삶이 아닐까. 내 안에서 뭔가가 자꾸 꿈틀거렸다.

"언니, 나는 말이야. 승현이 장애가 있다는 사실을 처음 알았을 때 사라지고 싶었어."

갑자기 현숙의 목소리 톤이 낮아졌다. 나에게 연민의 감정을 요구하는 낮아진 그녀의 목소리를 들으며 그녀의 넋두리가 시작되었다는 걸 알았다.

"언니는 아마 모를걸. 세상이 무너지는 것 같은 그런 절망 말이야."

현숙은 녹음된 테이프가 끝없이 재생되는 것처럼 자신의 지난날을 반복했다. 그녀는 몇 개의 단어를 바꾸거나 문장을 바꿈으로써, 매번 다른 이야기를 한다고 생각할 것이다. 하지만 계속 듣다가 보면 결론은 항상 같았다. 도돌이표 같은 그녀의 말을 계속 듣는 것은 뫼비우스 띠를 무한대로 걷고 있는 기분이었다. 생각해 보니 고등학교 때 현숙은 조용한 성격이었다. 그렇다면 그녀의 어수선해 보이는 저 행동과 지나치게 큰 목소리는 삶을 살아내기 위한 처절한 사투일지도 모른다. 그렇다면 나는 현숙을 제대로 알지 못하고 있었던 것은 아닐까. 갑자기 현숙을 함부로 평가하고 경박하다고 무시하는 내 마음에 제동이 걸리는 느낌이 들었다. 그런 내 마음을 아는지 모르는지 오늘도 자신의 지난날을 계속 이야기했다. 어느 순간 그녀의 목소리가 의미 없는 의성어로 변했다. 그 목소리를 배경 삼아 나는 생각 속으로 빠져들었다.

만약, 사람의 감정을 둘로만 나눈다면 사랑과 두려움일 거야. 생명 에너지에 묶인 사랑이라는 긍정적인 감정인 한 덩어리와 죽음 에너지에 묶인 두려움이라는 부정적인 감정 한 덩어리. 그러니까 지금 현숙은 두려움에 휩싸인 자신의 감정 덩어리를 나에게 풀어 놓으려고 애쓰고 있다.

"언니는 좋아 보여."

몇 년 전 현숙이 그렇게 말했었다. 그랬었던가? 그랬을 지도 모른다. 하지만 아름다운 날과 괴로움이 공존했던 과거에서 아름다운 날이 사라졌다. 몇 년 전 아들이 대학을 들어가고 나서부터 남편이 나에게 노골적으로 비수를 꽂기 시작했다.

"운동이라도 하는 게 좋지 않겠어? 이제 연준이 없으니 시간 많잖아. 더군다나 당신은 연준이를 기숙사에 그렇게 보내놓고… 아! 아니다. 내가 말을 계속하면 서로 상처가 되니 여기서 멈추는 게 좋겠지?"

언제부터인가 물음표로 책임을 회피하는 저 남자는 내가 알던 옛날의 그 남자가 아니다. 그는 내 삶의 일부를 갉아먹고는 시치미를 뚝 떼고 타인의 얼굴을 하고 있다. 그는 나보다 더 힘든 사람들을 보라고 이야기했다. 내가 그들에 비해 경제적으로 누리고 산다는 의미일 것이다. 알고 있다. 힘들고 어려운 여건 속에서 꿋꿋이 버티며 사는 이들이 많다는 것 말이다. 하지만 나는 자신을 돌아보게 할 따뜻한 객관이 필요했다. 결혼은 후진할 수 없는 기차를 타고 어딘가로 달려가는 여행을 닮았다. 내가 원했던 삶이 아니라는 걸 알았을 때는 이미 많은 시간이 지난 후였다. 그도 그랬을지도 모른다. 한 가지 분명한 사실은 그는 내가 아니라는 것이다. 같은 공간에 오래 산다고 두 사람이 한 사람으로 변하는 건 아니었다. 오히려 우리는 뚜렷이 분리되고 있었다. 나는 우리라는 단어에서 몸서리치는 혼자를 느꼈다. 그런 내 마음에 확인 사살이라도 하듯, 남편은 우리가 완벽한 타인임을 말로 증명해 보이곤 했다. 희망으로 가득했던 과거가 사라졌다. 옴짝달싹할 수 없다. 그런 나를 이해할 수 없다는 듯이 바라보는 주위 시선을 모르는 것은 아니다. 하지만 그런 내 모습을 가장 한심스럽게 쳐다보고 있는 사람은 다른 누구도 아닌 나 자신이다.

생각에 빠져 있던 나는 현숙이 부르는 소리에 정신을 차렸다.

"언니! 언니. 내 말 듣고 있어? 언니도 그렇게 생각하지?"

그제야 넋두리를 늘어놓던 현실로 돌아왔다.

"으응? 그래."

나는 말을 듣고 있지 않았지만, 동의한다는 듯 얼버무렸다.

"그래서 말이야, 언니가 우울증이라고 생각해. 그러니까 힘들어도 계속 성당에 나오고, 봉사활동도 다니고 그랬으면 좋겠어. 알았지?"

현숙이 불쌍하다는 듯이 나를 쳐다보며 말했다. 그런 태도가 마음에 들지 않아 대답하지 않았다. 내가 본 현숙 삶의 시제는 과거, 과거, 과거다. 승현이가 장애를 선고받은 과거의 공포가 지나가지 않고, 늘 현재에 머물고 있다. 미래로 가지 못하는 현숙을 보는 일은 언제나 한심스럽고 답답하다. 그런 그녀의 충고가 못마땅했다. 과거를 살아가는 현숙과 반대로 미래를 사는 언니가 있었다. 나이 들어 병원에 갈 돈이 없다고 생각해 봐. 보험밖에 없다니까. 보험이 없으면 어디에 기델래? 그러니까… 내 비웃음 소리가 너무 컸나 보다. 언니가 더 이상 말을 하지 않았다. 나는 그때 언니가 말하는 미래, 미래, 미래 시제에도 공감할 수 없었다. 나는 과거에도, 현재에도, 미래에도 나를 두지 않았다. 문득 나의 시제가 궁금했다. 나는 도대체 어디에 사는 걸까.

"우리가 사라질 수 있을까?"

나는 그녀를 집으로 보내야겠다고 생각하며 말을 꺼냈다.

"나는 말이야, 사람이 한 번 태어나면 사라질 수 없다고 생각해."

갑작스러운 내 말에 눈을 동그랗게 뜨고 쳐다보았다.

"내가 이곳에 있다는 것은 이미 존재했다는 뜻이야. 내 세포를 하나 떼어냈다고 쳐 봐. 그것을 반으로 자르면 반이 되지? 또 자르면 반의반, 또 자르면 반의 반의반. 다시 계속 자르면 그 조각은 없어질까? 보이지 않지만 계속 반으로 줄어들고 있을 뿐, 한 번 존재한다는 것은 영원히 사라지지 못한다는 거야. 그걸 생각하면 정말 비참한 일이야. 나는 이미 존재한 거야. 너도 마찬가지고. 어쩌면 우리는 자유의지 없이 영원히 살아야 할지도 모른다는 이야기야."

"언니, 무슨 말이야? 어려워서 못 알아듣겠네. 언니는 생각이 너무 많아서 탈이야. 생각하지 말고 마음 편히 살아. 가야겠다. 낮에 성당에서 바자회 있는 것 알지? 좀 있다 올 테니까 같이 가. 아참, 4층 언니도 같이 가도 되지?"

그녀의 넋두리로 인해 나의 본모습이 드러나려고 하는 것을 간신히 막았다. 그녀가 벌떡 일어나는 바람에 테이블에 있던 남은 커피가 크게 흔들리며 쏟아졌다. 조심성이 없다. 또… 잣대를 들이대려는 나를 겨우 멈췄다. 그녀가 밖으로 나간 후 다시 학교 쪽으로 눈길을 돌렸다. 아직도 띄엄띄엄 아이들이 보호자의 손을 잡고 학교로 들어가고 있었다. 편안한 육체로 사는 삶이 전부라면 지금 나는 행복한 해야 한다. 그렇다면 나는 육체 속에 살고 있지 않은가? 하는 생각이 잠깐 스치고 지나갔다. 다리를 쭉 뻗고 하늘을 보았다. 오늘따라 바다가 숨쉬기를 도와주지 않는다. 답답했다. 담배 하나를 꺼내서 불을 붙이려다 말고 도로 집어넣었다. 나가봐야겠다. 이유도 없이 갑자기 그 생각이 불현 듯 일었다. 천천히 카디건을 걸쳐 입었다. 운동화를 신으며 가슴이 뭔가에 눌리는 기분이 들었다. 밖으로 나가려다가 말고 다시 들어왔다. 하지만 곧, 그러다가 이런 마음이 들었을 때 나가지 않으면 안 될 것 같다는 생각이 들었다. 힘을 줘서 현관문을 열었다. 엘리베이터를 기다리는 시간이 길게 느껴졌다. 집으로 들어가려는 나를 돌려세웠다. 엘리베이터를 타고 1층으로 내려왔다.

건물 밖으로 나와 산책로를 걸었다. 잘 정리된 아파트 산책로에 꽃들이 가득했다. 진달래, 개나리, 산수유, 벚꽃에 작은 들꽃까지⋯ 벌써 봄이네. 아니, 봄이 한창이었구나. 꽃들이 각자 자신을 얼마나 요란하게 드러내고 있는지 나처럼 웅크리고 사는 이의 눈에는 그 요란한 드러냄이 어색하기 그지없었다. 산책로에 사람이 늘어났다. 사람들이 떠드는 소리를 듣고 있자니 두통이 몰려왔다. 결국 그걸 견디지 못하고 집으로 들어왔다. 피곤했다. 거실 소파에 한참동안 멍하니 앉아있었다. 밖을 보니 날씨가 흐려져 있었다.

전화가 왔다.

"언니, 나갈 준비 하고 있지? 좀 있다 데리러 갈게. 있다 봐."

현숙이 자신의 말 만하고 일방적으로 전화를 끊었다. 있다 봐. 하는 목소리가 높은 도에 가까운 음정으로 한참 동안 귀에 울렸다.

성당은 큰길에서 조금 들어간 빌라 단지 사이에 있었다.

58

성당으로 걸어가는 동안 날씨가 맑았다가 흐렸다가를 반복했다. 4층 여자도 함께였다. 우리는 현숙의 소개에 겨우 인사를 했을 뿐 서로에게 아무 말도 하지 않았다. 덕분에 수다스러운 현숙의 입이 더욱 바빠졌다. 우리가 그곳에 도착했을 때는 햇빛이 비치고 있었다. 성당 앞에는 주민들이 사용하는 공용 놀이터가 있었고, 그사이에 일 차선 차도가 있었다. 그 길은 마치 성당으로 올라가는 계단과 연결된 것처럼 보였다. 성당으로 올라가는 계단은 넓고 웅장했다. 현숙은 계단 꼭대기에 있는 마리아상을 향해 성호를 긋고 고개를 숙이고 기도했다. 4층 여자도 그 옆에서 고개를 숙이고 있었다. 성당에 처음 나왔다고 하는데 그녀의 기도는 간절해 보였다. 나는 마리아상을 쳐다보았다. 하얗고 동안인 얼굴이 예뻤다. 그러나 조각상의 부드러운 미소가 어색하게 느껴졌다. 다시 성호를 긋고 다가온 현숙이 뭐가 좋은지 콧노래를 불렀다. 나와 4층 여자가 동시에 현숙을 쳐다보았다.

"왜? 장애인 아들 둔 엄마가 노래도 하면 안 돼? 나 이렇게 살아도 기쁠 때는 웃고 슬플 때는 울어. 인생이 별거야? 웃음 나오면 웃고, 배고프면 먹는 게 인생이지. 나는 성당에 오면 모든 게 괜찮을 것 같은 기분이 들어. 그래서 정말 좋아."

그녀는 정말 아무 걱정이 없는 사람처럼 해맑게 웃고 있었다. 계단 끝까지 올라가서 긴 복도를 걸어갔다. 복도에는 소박한 액자에 연필로 그린 그림이 걸려 있었다. 복도를 걸어오던 동안 보이지 않던 문이 벽면 옆쪽으로 나 있었다. 현숙이 그 문을 열고 서서 내가 지나가기를 기다렸다. 그 문은 1층 주차장과 연결된 곳이었다. 문을 열자 갑자기 소란스러워졌다. 사람들이 많았다. 그녀 뒤를 따라 걸어가며 주위를 살폈다. 규모가 제법 큰 바자회였다. 대부분 먹거리를 팔고 있었다. 드문드문 생활용품이 보였다. 어떤 수녀님이 부침개를 부치고 있었다. 수녀님은 '비 내리는 호남선 남행 열차에…'를 큰 소리로 부르며 몸을 흔들고 있었다. 나는 마치 일어나서는 안 되는 일이 일어난 것을 본 사람처럼 조금 당황했다. 하지만 나를 제외하고 아무도 수녀님을 이상하게 보는 사람이 없었다. 현숙은 같이 노래를 부르며 몸까지 흔들었고 4층 여자도 웃고 있었다.

그늘막이 처져 있었다. 되도록 사람들과 거리를 두고 자리를 잡았다. 현숙이 우리에게 기다리라고 말하고는 음식을 사러 갔다. 그 사이 여자 세 명이 우리 바로 옆 테이블에 자리를 잡고 앉았다. 나는 고개를 들지 않고도 여자들이 보였다. 그중 나이가 가장 많아 보이는 여자가 신부님과 나눴다는 이야기를 하기 시작했다. 내용은 어떤 의사의 실험에 관한 내용이었다. 그는 임종 직전 환자들의 몸무게를 재고 임종 직후의 몸무게 변화를 측정했다고 한다. 그때 다른 동물과 달리 인간만이 21그램의 변화가 있었다는 이야기였다. 그 후 실험이 반인륜적이라는 이유로 더 이상 하지 않게 되었지만, 21그램은 영혼의 무게 일거라고 추측한다는 이야기였다. 나이 많은 여자는 젊은 두 여자에게 크고 빠른 목소리로 21그램에 대해 이야기했다. 여자들의 감탄사가 최고조에 달하고 나자 여자는 목소리를 조금 낮췄다. 그리고는 자신의 이야기에 도취된 듯, 같은 이야기를 두어 번 더 반복했다. 여자의 큰 목소리 때문인지 21그램이라는 단어가 머리에서 빙빙 돌았다. 왠지 그 이야기를 들은 적이 있다는 느낌이 들었다. 나는 가끔 성당에 나오긴 하지만, 신을 믿지 않는다. 그래서인지 영혼이라는 단어가 낯설게 느껴졌다. 여자의 말대로라면 인간의 가장 중요한 부분이 21그램에 불과한 무게라는 이야기 아닌가. 나는 그들이 조금 어이없고 한심한 이야기를 한다고 생각했다. 그때 4층 여자가 눈물을 닦는 게 보였다. 그녀는 나와 다른 의미로 이 이야기를 들은 모양이었다. 4층 여자는 참으로 다행이지 않아요? 하며 처음으로 말을 걸었다. 나는 네? 라고 대답했다. "인간 모두에게 뭔가가 공평하게 있다는 거 말이에요."라고 말했다. 촉촉하게 젖은 눈을 보며 그녀가 옆 테이블에 앉은 여자들의 이야기를 듣고 자기 아들을 생각하고 있었다는 걸 알 수 있었다.

현숙이 걸어오고 있었다. 부침개가 담긴 접시 위에 몇 가지 다른 음식이 포일에 감겨 수북이 쌓여 있었다. 남은 손가락으로 종이컵을 아슬아슬하게 들고 오자 4층 여자가 벌떡 일어나 그것을 받았다. 옆자리 여자들이 아는 척을 했다. 현숙은 손에 든 물건 때문에 평소 손짓으로 하던 인사를 하지 못하고 조심스럽게 웃으며 허리를 굽혔다. 손에 든 음식을 테이블에 놓고, 여자들에게 손을 흔들며 인사를 했다. 마치 인사는 손으로 해야 한다는 듯이. 그들의 호들갑스러운 손 인사를 연극 관람하듯 바라보았다. 조금 전 흥분해서 21그램을 말하던 나이 많은 여자가 같이 식사하자고 말했다. 괜찮다고 말했다. 하지만 다른 여자들까지 합세해서 동석하기를 권했다. 그들의 지나친 친절에 두통이 시작되었다. 그뿐만 아니라 속까지 울렁거렸다. 4층 여자는 그럴까요? 라고 말하고 자리를 옮기고 있었다. 나는 잠깐 화장실을 다녀오겠다고 말하고 일어섰다. 현숙이 내 얼굴이 창백하다며 괜찮은지 물었다. 나는 화장실을 다녀오면 나아질 거라고 말하며 도망치듯 건물 안으로 들어갔다. 문을 닫자 소리가 작아졌다. 한숨을 내쉬며 잠깐 서 있었다. 바깥보다 차가운 공기 때문인지 울렁거리던 속이 조금 진정되었다. 나를 고립시켜주는 닫힌 공간에 안도했다. 긴 복도를 천천히 걸었다. 창문에 스테인드글라스로 된 성화들이 햇빛을 받아 알록달록한 그림자를 바닥에 드리우고 있었다. 한 층 올라가자, 가끔 미사를 드렸던 예배당 문이 보였다. 평소와 달리 문이 닫혀 있었다. 문을 열었다. 나무로 된 문에서 삐걱거리는 소리가 났다. 안으로 들어가 소리를 내지 않으려고 노력하며 문을 닫았다.

불 꺼진 성당 안이 어두웠다. 어둠에 적응할 때까지 잠시 움직이지 않고 서 있었다. 성당 앞쪽 아치형 창문에 성모상과 아기 예수가 그려져 있었다. 천장에서부터 바닥까지 먼지 낀 햇빛이 긴 사선 여러 개를 내리긋고 있었다. 성당 안에는 사람이 없었다. 그제야 나는 무너지듯 자리에 앉았다. 고요한 어둠과 맑은 정적이 마음을 가라앉혀 주었다. 눈을 감고 있으니 신과 일대일로 마주한 느낌이었다. 드러내야 할 혹은 사라져야 할 감정들이 마음 한편에서 꿈틀거렸다. 왠지 모르게, 있는 그대로의 감정을 드러내고 싶었다. 21그램. 나도 모르게 조금 전에 들었던 말을 웅얼거렸다. 그들은 영혼을 이야기했다. 하지만 내게 21그램은 인간이라면 꼭 가지고 있어야 할 가장 중요한 어떤 부분이라는 생각이 들었다. 보이지 않지만, 꼭 봐야 할 가장 중요한 것. 가면 속에 감추어 두었던 것이 스멀스멀 기어 나왔다.

'서울에서 그런 학교 밖에 못 가면 지방에 기숙사 있는 학교에 가. 자주 오지 말고.'

내 삶에 흠집 낸 아들에게 차갑게 말했었다. 교양으로 감추고 있던 내 안의 오만이 아들을 통해 폭발할 수 있기를 얼마나 간절히 고대하고 있었던가. 아들을 기숙사에 가두던 때가 떠올랐다. 그때 나는 21그램을 버렸을지도 모른다. 낮은 소리가 울렸다. 누군가 앞쪽 구석진 곳에서 기도하고 있었다. 시작도 끝도 없이 둥글게 돌아가는 간절한 기도 소리가 마치 염불 같았다. 그 소리에 나를 제대로 드러내지 못하고 예배당을 나왔다. 집에 가기 위해 복도를 걸어가면서 바자회가 열리고 있는 주차장을 보았다. 현숙과 4층 여자와 다른 여자들이 웃고 있었다. 그들은 인생을 살고 있었다. 웃어야 할 때 웃고, 화가 날 때 화를 내고. 슬플 때 우는 것 그게 삶이지 않은가. 그렇다면 나는 왜 살지 못하고 있는 것일까. 웃지 못하고 있다. 우는 것은 더욱 힘들다. 사랑에 대한 기억은 흔적조차 없었다. 그들에게 인사를 하지 않고 집을 향해 걸었다. 하늘이 흐려지고 있었다.

다시 베란다 의자에 앉았다. 하늘이 짙은 회색으로 낮게 깔리고 있었다. 비는 자신을 드러내기 위해 소리를 키우고 있었다. 바깥의 모든 소리가 커졌다. 툭, 투둑. 굵은 빗방울이 떨어지기 시작했다. 계절을 잃은 소나기가 느닷없이 봄에 찾아와 주인 행세를 하고 있었다. 우산을 준비 못 한 사람들이 손을 머리 위로 들어 올린 채 날뛰고 있는 것처럼 보였다. 삶의 방향을 잃은 내 모습을 보는 것 같았다. 어쩌면 준비되지 않은 인생에서 나도 저렇게 날뛰고 있었던 것은 아닐까. 담배에 불을 붙였다. 연기를 길게 뿜으며 생각했다. 인생은, 거창해 보이는 삶은, 이거다 저거다 말로 정의 내리려는 순간 작고 하잘것없어진다. 나도 그랬다. 살아온 시간을 말로 표현하려는 순간 아무것도 남는 게 없다는 걸 깨달았다. 21그램이 머리에서 빙빙 돌았다. 그제야 나는 고해했다. 나를 화나게 한 사람은 남편도 아들도 아니었다. 나에게 화를 낸 사람은 나 자신이었다는 것을. 나도 모르게 눈물이 쏟아졌다. 전화기를 들었다. 그리고 삼 년 동안 만나지 못한 아들의 전화번호를 천천히 누르기 시작했다.

그녀의 공간

나는 똑바로 누워 천장을 바라보고 있다. 지난 몇 년간 같은 자세 누워있었고, 살아있는 한 남은 인생 또한 그렇게 누워있어야 할 것이다. 오랫동안 같은 곳을 바라보고 있어야 하는 일은 인내가 필요하다. 그나마 다행인 것은 이년 전 인테리어를 할 때, 천장 벽지를 흰색으로 하지 않고 연초록 잎사귀에 작은 꽃무늬가 들어간 것을 택한 것이다. 지금 보니 그 선택은 정말이지 신의 한 수였다. 그것보다 더 다행인 것은 그 옆에 언제 물들었는지 알 수 없는 누런 얼룩 생겨난 것이다. 감사하게도 그것은 조금씩 커지고 있었다. 나는 잎사귀 무늬와 얼룩이 만들어 낸 그림을 보고 있다. 어제는 괴기한 형상의 흐릿한 존재를 흑백으로 그려놓더니, 오늘은 거대한 파도와 솟구쳐 오른 돌고래가 그려져 있다. 날마다 다르게 보이는 명작이 천장에 나타나는 것은 고마운 일이다. 특히 나처럼 움직일 수 없는 몸이 되어 누워 지내야만 하는 이에게는 더더욱 그랬다. 돌아눕고 싶었다. 간병인을 불렀다.

"언니, 여기 좀…"

하지만 나는 소리를 내지 못했다. 움직이지 못할 뿐 아니라 손끝 하나 까딱할 수 없었다. 목소리로 의사를 전달할 수 있었던 지난날이 전설처럼 아득했다. 굳어지고 나서야 굳어지지 않는 것이 있다는 것을 알게 되었다. 그것마저 굳어버리면 나무나 바위 같은 존재가 될 것이다. 만약 육체가 나라면 나는 이제 인간이 아니다. 왜냐하면 내가 육체로 할 수 있는 것이 아무것도 없으니까. 다행인 것은 인간을 인간으로 있게 하는 것이 육체가 아니라는 사실이다. 그렇기에 나는 아직 인간이다. 오늘따라 유난히 몸이 가뿐하다. 이렇게 컨디션이 좋은 날이면 여행을 떠날 준비를 한다. 아주 먼 곳까지 다녀올 예정이다. 가슴이 두근거렸다. 그러자 두근거리며 혼자 떠났던 마지막 여행이 떠올랐다. 그것이 남은 삶에서 육체로 떠나는 마지막 여행이 되리라고는 상상하지 못했었다.

그때 나는 계시라도 받은 것처럼 민영에게 가고 싶었다. 정확히 말하자면 가야 한다는 강박 같은 것이 생겼었다고 표현하는 게 맞을 것 같다. 특별한 이유가 있었던 건 아니었다. 다만 불안감이 있었다. 언제 생겼는지 알 수 없는 불안한 감정이 조금씩 일더니 어느 순간부터 걷잡을 수 없을 만큼 커져 있었다. 그것이 요동치기라도 하면 나는 감당할 수 없는 불안에 사로잡혀 어찌할 바를 몰랐다. 그 감정을 해소할 길이 없어서 어디로든 떠나고 싶었다. 그 장소로 민영이 살고 있는 남해를 택한 것이었고.

"혼자?"

덤덤한 남편과 달리 고등학생인 아들이 못마땅하다는 듯이 얼굴을 찌푸렸다. 아들의 말을 뒤로 하고 남해를 향해 차를 몰았다. 차창 밖으로 가을이 지나가고 있었다. 점점 빨라지는 자동차의 속도가 결혼 이후 삶처럼 창밖의 풍경이 순식간에 지나갔다. 어딘가에 멈춰 서면 지나간 날을 볼 수 있었을 테지만, 나는 삶을 멈춘 적이 없었다. 달리는 동안 언뜻언뜻 보이는 것들. 가장 중요한 것이 저것일지도 모른다는 불안감이 일었다. 나는 순간 스쳐 지나간 가장 중요한 것을 붙잡고 싶었는지도 모른다. 나는 나에게 물었다. 불안하니? 아직 네 속에 내가 있는 거지? 이만하면 잘

산 것 같지 않아? 네가 진정으로 찾고 싶은 게 뭐니? 생각의 모든 부분에 물음표를 던지며 운전하고 있을 때였다. 전화가 왔다. 민영이었다. 어디쯤 왔는지 물었다. 나는 얼핏 함안이라는 글자가 지나갔다고 말했다. 민영은 그럼 거의 다 온 거네,라고 말했다. 나는 내비게이션이 사십구 분 남았다고 그런다고 했고, 민영은 조심해서 오라고 말하고는 전화를 끊었다.

부산에 살던 민영이 남해로 이사했다고 연락이 온 것은 일 년 전이었다. 집들이 겸해서 한 번 다녀가라는 민영의 초대가 있었지만, 이런저런 이유로 가지 못했다. 민영은 집 앞에서 일출과 노을을 가끔 SNS에 올렸다. 나는 바다 사진만 말고 네가 사는 집 사진도 좀 올리라고 댓글을 달았다.

-직접 와서 봐. 너는 그래야 하잖아. 그렇지?-

민영이 그래야 하잖아.라고 하면서 그렇지? 하고 확인하듯 물었을 때 기뻤다. 너는 나와 가장 친한 친구니까 당연히 그래야 하지 않니?라고 말하는 것이나 마찬가지였기 때문이다. 민영은 혼자 산다. 나는 그런 그녀가 부러웠다. 그런 생각을 하게 된 것이 갱년기 때문인지 아니면 전업주부로 사는 삶이 무의미해졌기 때문인지 알 수 없다. 어쩌면 결혼이라는 울타리에 들어가 보니 내가 아니라, 온 가족의 일부로 살아야 하는 부담감 때문이 힘들었기 때문인지도 모른다. 그때마다 감옥에 갇혀 있는 기분이 들기도 했고, 억지로 예의를 지켜야 하는 일을 할 때는 고삐에 묶여 행동반경이 정해진 동물이 된 것 같은 기분이 들기도 했다. 이렇게 생각하고 산다는 것은 뭔가 잘못된 게 확실했다. 그게 무엇인지 정확히 알 수 없다는 것이 가장 큰 문제이긴 했지만. 나는 민영에게 네 삶이 부럽다고 문자를 남겼다.

-무슨 소리야. 부도덕하다고 욕하는 거지? 그래도 어쩔 수 없지만.-

민영이 남겼던 문자를 생각하며 삼십 분 정도 더 달렸을 때였다.

바다가 보이기 시작했다. 멀리 바다와 맞닿은 하늘에서 여러 개의 주황빛 긴 선이 바다로 내리꽂히고 있는 게 보였다. 경계를 허문 바다가 축복처럼 쏟아지는 그 빛을 고스란히 받아들이고 있었다. 노란빛과 주황색을 띤 바다에 파도가 잘게 일렁이며 반짝이고 있었다. 창문을 열자 차가운 바닷바람이 쑥 들어왔다. 바람이 몸을 휘감으면서 지나갔다. 그것만으로도 혼란했던 감정의 일부가 해결된 느낌이었다. 바다의 넓음이 내 안의 감정들을 작게 만든 모양이었다. 기분이 좋아지자, 잘 왔다는 생각이 들었다. 조금 더 가자 목적지 부근이라는 내비게이션의 안내 멘트가 들렸다. 내리막을 따라 조금 더 가니 마을이 나왔다. 콘크리트가 덮인 마을 입구에 민영이 서 있었다. 멀리서 보니 이십 대로 보이는 몸이었다. 민영이 한쪽을 가리켰다. 주차장이라고 구분 지어 놓지는 않았지만 차 몇 대가 세워져 있는 걸로 보아 거기가 주차장인 모양이었다. 적당한 곳에 주차를 했다. 적당한, 나는 적당한 이라는 말이 마음에 들었다. 꼭 맞지 않아도 되고, 대충해도 된다는 뜻이다.

결혼 이후 대충과 반대되는 개념의 삶을 살았다. 내 성격과 판이한 누군가의 기분을 정확하게 살펴야 했던 일들이 떠올랐다. 대충이 허락되지 않는 대상은 시댁 식구였다. 어느 날 시댁에 갔을 때였다. 그날도 몇 가지 심부름과 일을 해야 해서 급하게 서둘러 가다 보니 옷에 신경을 쓰지 못했다. 그때 시모가 옷이 그게 뭐냐고 질책했는데, 마치 내가 자신들을 위해 일하러 온 것으로 생각하는 듯했다. 나는 그때 시모를 쳐다보았다. 세수하지 않아 부스스한 중년 여자가 내 옷차림을 이야기하는 장면이 객관적으로 보였다. 그리고 나의 옷차림에 신경쓰는 여자의 헝클어진 머리를 보며 이 상황이 굉장히 이상하다고 생각했다. 나보다 나을 게 아무것도 없는 초라한 여자가 나한테 정확성을 요구하며 이래라저래라하는 장면이 이상하다고 생각했던 때가 갑자기 스쳐지나갔다.

차에서 내리자 민영이 나를 안았다. 오랫동안 말없이 나를 안고 있는 민영에게 슬픔이 묻어 있다고 생각했다. 자동차에서 가방과 쇼핑백을 꺼냈다. 민영이 가방을 끌고 앞서 걸어갔다. 나는 그녀 뒤를 따라 걸으며 가방 바퀴에서 나는 소리가 지나치게 크다고 생각했다. 상대적으로 이곳이 도시보다 조용하다는 걸 깨달았다. 바퀴 소리가 소리를 멈추는 사이사이에 깊은 고요가 크레바스처럼 끼어있었다.

골목 입구에 파도처럼. 이라고 적힌 작은 나무 팻말이 울타리에 붙어 있었다. 마침표가 인상적이었다. 골목을 따라 올라가는 길에 흰색 페인트로 화살표가 그려져 있었다. 왠지 모르게 화살표를 따라 올라가고 있는 느낌이었다. 가파른 경사를 한참 올라간 민영이 한옥으로 된 대문 앞에 섰다. 내 생각이 맞았다. 대문 옆에 조그맣게 파도처럼.이라고 적혀 있었다. 대문을 열고 들어서자 집 두 채가 기역 모양으로 있었다. 이층으로 된 큰 건물과 그 옆에 작은 집이 있었다. 전망이 좋은 큰 이층 건물에는 큰 창이 많았다.

바깥을 즐기기에 적당했다. 카페 하는구나. 하고 내가 혼잣말을 했다. 혼자 사니까 이 층에 손님 방 만들어 둔 거야. 일층은 카페 비슷한 거고. 민영이도 혼잣말처럼 중얼거렸다. 마당이 집에 비해 아주 넓다는 느낌이 든 이유는 마당에 아무것도 없었기 때문이었다. 잔디와 자갈이 반반인 마당 끝에 있는 낮은 담장 아래 있는 작은 화단이 전부였다. 담장 너머로 바다가 보였다. 담장과 마당이 만나는 구석에 나무가 한 그루 서 있었다. 여름에 그늘을 만들어 주는지 잎 떨어진 나무 밑에 의자와 탁자가 먼지가 쌓인 채 놓여 있었다.

마당에는 민영의 작품으로 보이는 조각품 세 개가 전시되어 있었다. 민영은 여전히 작품 활동을 하는 모양이었다. 유학을 다녀와서 개인전을 열었을 때 신문에 실리기도 한 민영은 친구들 사이에서 부러움의 대상이었다. 불륜에 휘말리기 전까지는. 민영은 큰 이층집을 두고, 작은 집으로 들어갔다. 좋은 집을 두고 왜 여기서 사냐고 물었다. 밤에 검게 변하는 바다가 싫어서.라고 민영이 담담하게 대답했다. 집 안에 들어가니 바깥보다 더 소박했다. 방 두 개에 주방과 화장실이 딸린 평범한 집이었다. 다만 사람이 사는 집처럼 보이지 않을 정도로 깔끔했다. 민영이 침대 하나와 화장대 한 개가 놓여 있는 방으로 안내했다. 나는 들어가자마자 침대에 벌렁 누웠다. 잠깐 눈을 감고 있었는데 깊이 잠이 들었던 모양이었다. 정신을 차렸을 때는 이불 속에 누워있었다. 민영이 덮어 줬을 것이다. 문을 열고 밖으로 나오니 맛있는 냄새가 후각을 자극했다. 배고픔을 느낀다는 것은 축복과도 같은 것이다. 반복된 습관 때문에 시간에 맞춰 밥을 먹을 때가 있지 않은가. 심지어 식사 시간이라는 이유로 먹고 싶지 않아도 밥을 먹을 때 비참해진다. 자신이 배가 고픈지 안 고픈지 생각하지 않을 만큼 휩쓸려 산다는 뜻이니까.

민영이 차려놓은 저녁은 소박한 정식이었다. 콩나물 무침과 무생채 그리고 구운 생선과 된장찌개가 전부였지만, 나는 허겁지겁 밥을 먹었다. 민영이 굶은 사람 같다고 했다. 나는 배가 고프다 못해 허하다고 말했다. 민영은 내가 먹는 모습을 지켜보며 잘 먹어서 좋긴 하다고 했다. "여기참 좋다."라는 내 말에 여기 있으면 자신이 커다란 공간에 떠 있는 느낌이란다. 가끔은 자신이 한 커트의 사진이나 영상의 한 부분으로 소리도 없이 일시 정지된 느낌이 되기도 한다고 했다. 내가 민영의 불륜 상대였던 사람에 대해 물었다. 민영이 의외의 질문에 놀란 듯 눈을 크게 떴다. 흰

피부가 더 맑아 보였다.

"그분 가시고 괜찮아?"

"그런 것도 같고, 아닌 것도 같고. 잘 모르겠어. 내 인생의 많은 부분을 함께 한 분이니 아무렇지 않을 수는 없겠지. 가끔 이 마당에서 그분을 닮은 아이가 뛰고 있었으면 어땠을까를 상상하면 마음이 붕 뜨더라고. 그럼 사랑한 거겠지?"

"이제 보니 너는 사랑 앞에서 전사로 살았구나. 그런데 장례식에서는 험한 일은 없었니?"

"괜찮았어. 생각보다 그 집안사람들 점잖더라고. 그래서 나는 평생 죄책감을 느끼며 살아야 한다고 생각하고 있어."

"그만하면 애쓰며 산 거야. 이제 내려놓고 살아."

"그럴 수 있을까?" 민영이 한숨처럼 대답했다.

"너는 괜찮니? 시어머니 때문에 힘들었잖아. 저쪽에 갈까? 거기에 술도 있고 차도 있어. 아! 참, 손님 한 분 있으니까 놀라지 말고."

우리는 옆 건물로 가기 위해 밖으로 나왔다. 마당을 가로질러 담장 끝에 가서 마을을 구경했다. 민영의 집은 높게 쌓아 올린 축대 위에 있었다. 아래로 보이는 마을이 조용하고 어둑했다. 검은 바다 위에 달이 흰 공처럼 떠 있었다. 민영이 마당을 가로질러 가서 대문을 잠갔다. 그러자 이곳이 세상과 단절된 요새처럼 느껴졌다. 민영이 붕 떠 있는 것 같다고 한 이야기가 이 느낌인가 하고 생각했다. 민영이 이리와, 하고 낮게 말하며 조심스럽게 내 손을 끌었다. 그리고 얼굴로 카페 안을 가리켰다. 유리창 안의 공간이 달빛 때문인지 밝게 느껴졌다. 학교 교실을 연상케 하는 제법 넓은 공간이 보였다. 불이 꺼져 있었지만, 바닥이 나무로 깔려 있다는 것을 알 수 있었다. 거기에 사람이 있었다. 자세히 보니 안에 있는 사람이 아주 천천히 몸을 움직이고 있었다. 그 사람은 자세를 바꾼 뒤 물구나무를 섰다. 손으로 머리를 받히고 한참을 그대로 있었다. 발을 손처럼 움직여 물구나무 자세에서 벗어났다. 이번에는 양손으로 바닥을 짚고 다리를 쭉 폈다가 가부좌하는 모습이 검은 실루엣으로 보였다. 마치 공중 부양을 하는 것 같았다. 한참 후에 형체가 선명해졌다. 공중 부양을 하는 사람은 여자였다. 그녀는 우리가 보고 있는 것을 눈치채지 못했는지 몇 가지 어려운 동작을 추가했다. 우리는 안에 있는 사람이 동작을 마칠 때까지 움직이지 않고 지켜보았다. 얼마 후 운동이 끝났는지 불을 켜졌다. 민영이 문을 열었다.

"원장님, 제 친구예요. 서울에서 왔어요."

우리는 서로에게 인사했다. 밝은 곳에서 보니 여자는 수도승처럼 얼굴이 맑았다.

"우리 맥주 마시려고요. 같이 드세요."

민영이 괜찮지? 하고 눈으로 물었다. 나는 괜찮다는 의미로 고개를 끄덕였다. 처음 본 사람이라 약간 어색했는데 이야기를 나누기 시작하자, 곧 오래전에 만났던 사람처럼 편안했다. 나는 술을 급하게 많이 마셔서 취했던 것 같다. 이야기를 많이 한 것 같은데 내용이 정확히 기억나지 않았다. 힘들었던 결혼 생활에 대해 넋두리를 한 것도 같고, 민영에게 능력 있는 젊은 놈들이 줄을 섰는데 너는 왜 그런 늙은 사람에게 인생을 바쳤냐고 질책했던 것도 같다. 고삐 묶인 동물이 되어 사는 것도 같다고, 왜 인간에게 날아갈 듯한 자유가 주어지지 않는지 모르겠다고 하며 울었던 것 같기도 하다.

다음 날 아침 일어나니 숙취 때문에 머리가 아팠다. 목이 타는 듯한 갈증을 느껴 물 한 잔을 벌컥벌컥 마셨다. 민영이도 일어나지 않았는지 조용했다. 방문을 열어 보았다. 민영이 방에 없었다. 모자를 쓰고 마당으로 나갔다. 민영과 원장이 낮은 담장 앞에서 바다 쪽을 보고 가부좌로 앉

아 있는 게 보였다. 민영이 나를 보더니 옆에 앉으라고 손
짓을 했다. 매트를 들고 와 바닥에 놓고 앉았다. 한참 눈을
감고 호흡을 하던 원장이라는 여자가 말을 했다.

"요즘 많은 사람이 비우기를 이야기하죠. 마음을 비우라
고요. 그런데 마음은 어디에 있을까요? 마음이 우리 가슴
안에 있다고 생각하나요? 혹은 우리의 머리에 있을까요?
마음이 우리 육체 속에 있다면 마음은 우리의 키보다 훨씬
작아야겠지요? 우리가 살아온 과거를 생각해 봅시다. 어디
에서 떠오르나요? 우리의 마음속에서 떠올라요. 우리가 다
녀온 여행지는요? 그것도 마음속에서 떠오르죠. 우리의 미
래는요? 그것도 마음속에 있어요. 그렇다면 마음은 어디까
지일까요? 자신의 생각이 가는 곳까지가 곧 우리 마음 아
닐까요? 그러니까 내가 넓힌 생각의 공간이 마음의 공간이
겠지요. 거기에 자기 자신이 존재합니다. 거기까지 한 번
가 보도록 합시다. 눈을 감으시고 천천히 호흡해주세요. 몸
에 힘을 빼고, 다섯을 세는 동안 숨을 들이마시고, 일곱 세
는 동안 숨을 천천히 내 쉬는 겁니다. 천천히 들이마시면
서 하나, 둘, 셋, 넷, 다섯. 천천히 내쉬면서 하나, 둘, 셋,
넷, 다섯, 여섯, 일곱."

그곳에 머무르는 동안 나는 마음을 들여다보는 일에 몰

두했다, 나는, 내가 알고 있던 그 사람이 아니었다. 나는…

　똑바로 천장을 바라보고 누워서 여행 준비를 끝냈다. 가슴이 두근거렸다. 여행을 떠나기 전 두근거리는 마음부터 정리해야 한다. 안 그러면 여행에 방해가 될지도 모른다. 천천히 호흡하며 숫자를 셌다. 하나, 둘, 셋, 넷, 다섯을 세는 동안 들숨을 깊게 들이마시고, 하나, 둘, 셋, 넷, 다섯, 여섯, 일곱을 세는 동안 날숨을 길게 뱉어냈다. 수를 세는 속도가 점점 느려지면서 호흡이 안정되어가고 있었다. 마음의 소리가 점점 작아지다가 마침내 고요해졌다.

　내 여행의 출발점은 언제나 123층이다. 눈을 감았다. 출발이다. 나는 위로 날아올랐다. 얼마간 솟구치다가 아래를 보면 부산을 끝에 매단 한반도와 일본 땅의 일부가 보였다. 조금 더 올라가자 아시아와 유럽이 보이고, 지구가 공처럼 둥글게 보이기 시작한다. 달과 태양을 스쳐 지나가자 지구가 공처럼 작아졌다. 계속 솟구쳐 오르자 모든 행성이 돌멩이처럼 작아지더니 이내 점이 되었다가 사라졌다. 나는 암흑공간에서 행성 사이를 유영했다. 우주의 모든 별이 작아지다가 사라지는 공간이 한없이 반복되었다. 모든 행성이 사라진, 어둠만이 존재하는 텅 빈 우주에 나는 존재하고 있었다. 무한 우주 공간 끝에 빛이 있었다. 그곳에 가야 한다. 그 빛은 우주 전체를 감싸고 있었다. 그 빛에 들어서자 내가 빛으로 변했다. 나는 그 빛에 존재하는 자였다. 크르릉크르릉 컥컥… 가래 때문에 호흡이 불규칙해졌다. 할 수 있는 한 가장 긴 시간을 그곳에 머무르려고 애를 썼다. 인간 몸의 가장 작은 구성요소인 미립자의 95퍼센트는 텅 비어 있다고 한다. 그곳을 우주의 무한으로 가득 채웠다. 나의 공간이 무한으로 넓어졌다. 하지만 여행에서 돌아와야 했다. 그래도 여행은 헛되지 않았다. 우주의 무한을 지구로 가지고 내려왔기 때문이다. 그르릉거리는 가래 끓는 소리에 간병인 언니가 달려왔다. 인공호흡기 속에 플라스틱 튜브를 집어넣고 손으로 누르자, 가래가 치익 소리를 내며 기계 속으로 빨려 들어갔다. 온종일 누워만 있어야 하는 나는 호흡만 남아 있는 일차원의 존재다.

오래 전에 사이언스 강좌를 들은 적이 있다. 강사가 우주의 차원을 이야기했다. 강의가 진지해질수록 이해가 되지 않았다. 원시인이 스마트폰에 대한 설명을 듣고 있는 기분이라고나 해야 할까? 그래도 가로, 세로, 높이의 3차원 공간과 입체 시간을 더하면 조금 더 높은 3차원이 된다는 것은 이해가 되었다. 나는 3차원의 세계에 살다가 2차원으로 그리고 1차원으로 내려왔다. 과학자의 말대로라면 지금 나는 점으로 존재하는 영 차원의 존재이다.

내 몸에 이상이 시작된 것은 민영에게 다녀온 후부터였다. 갑자기 오른팔이 저리기 시작했다. 목 디스크가 도지거나, 헬스장에서 근력운동을 잘못해서 팔이 아픈 것이라고 가볍게 생각했다. 한방 병원과 찜질방을 오가며 물리치료를 하고 근육을 풀었지만, 효과가 없었다. 상태가 악화하여 숟가락을 떨어뜨리거나 단추 잠그는 일이 어려워졌다. 급기야말이 어눌해지기 시작하고 나서야 뭔가 잘못되었다고 생각했다. 대학 병원 신경과에 접수했다. 대기실에서 기다리면서 주위를 둘러보았다. 환자 대부분이 나이가 많아보였다. 간호사가 내 이름을 불렀다. 천천히 일어섰다. 어쩌면 뒤뚱거리고 걷고 있었을지도 모른다. 그때 나는 앉아있다가 일어서면 처음 움직임이 무척 어색하고 힘든 기분이 들었었다. 진료실 문을 조심스럽게 열고 안으로 들어섰다. 젊은 의사가 문을 열고 들어오는 내 얼굴을 잠깐 쳐다보고 챠트를 읽으면서 어서 오시라고 했다. 의사의 그 말을 듣고 나는 안도했다. 그의 어서 오시라는 말이 병에 대해 걱정마시라, 내가 당신을 병을 고쳐주기 위해 기다리고 있다 등의 의미로 들렸기 때문이다. 내 병이 무엇이든 간에 이 젊은 의사가 다 해결해 줄 것 같은 기분이 들었다. 나는 팔이 저려서 침을 맞거나 물리치료를 했던 이야기를 했다. 열심히 운동을 해 왔지만 말로 표현하기 어려운 증상이 나타난다는 것을 이야기했다. 의사는 손가락이 뻣뻣해졌느냐, 혹은 뒤꿈치 드는 것이 힘들어지지 않았느냐, 혹은 물을 마시다가 흘리는 실수가 잦지 않았느냐는 등 내 생활에서 자주 일어나는 일을 꼭 집어서 물었다. 나는 의사가 묻는 대부분의 말에 그렇다고 긍정했다.

"그것도 그거지만, 가만히 있어도 팔이 움직여요. 지금처럼 이렇게요."

팔이 내 의지와 상관없이 전기충격을 받은 것처럼 움찔움찔했다.

"그렇군요."

의사가 앞뒤 맥락 없이 대답했다. 나는 그가 내 증상을 알겠다고 하는 말인지 아니면 의미 없이 내 말에 대꾸하는지 알 수 없었다. 그는 내 팔과 다리를 들었다 놨다 하며 한참 동안 몸을 살폈다. 그러더니 침대에서 내려와도 된다고 말했다. 진료가 끝난 줄 알았는데 정확한 병명을 알기 위해서는 몇 가지 검사가 필요하다고 했다. 그러고는 젊으

시니까 생각하는 큰 병이 아닐 수도 있다고 애매하게 말했다. 나는 걱정을 한 적이 없었으므로 의사가 왜 그런 말을 하는지 이해할 수 없었다. 진료실을 나오자 간호사가 몇 장의 종이를 들고 기다리고 있었다. 간결하고 정확하게 내가 받아야 검사와 장소를 설명했다. 그녀는 내가 이해했는지 확인하지 않고 빠르게 돌아서서 가버렸다. 마치 다른 질문을 허용하지 않겠다는 듯한 태도였다. 종이를 들고 병원 이곳저곳을 돌아다니고 나서야 내가 만약 이런저런 질문을 했다면 시간 낭비였다는 것을 알았다. 간호사는 모든 걸 정확하게 설명해 두었던 것이다. 모든 게 일사천리로 진행되었다. MRI 촬영을 시작으로 피검사와 소변 검사에 이어 신경전도 검사와 근전도 검사를 하고 난 뒤, 수납 창구에서 검사 결과 확인을 위해 시간 예약까지 모든 게 순조로웠다. 검사비를 보고 생각했다. 근육통에 불과할지도 모르는데 이렇게 많은 검사가 필요했을까. 병원의 바가지 검사에 한마디 말도 못하고 당한 것을 아니겠지? 하지만 말이 자꾸 어눌해지니 이 부분이 고쳐지면 사실 이 돈도 아까운 것은 아니라고 마음을 다독였다. 일주일 후, 검사 결과를 보기 위해 병원으로 갔다. 의사는 정작 내가 궁금해하는 검사 결과는 말하지 않고 몇 가지 검사를 더 해야 한다고 말했다.

"무슨 병인가요?"

"지금 말씀드리기는 좀 그렇습니다. 정확한 판단을 위해 한두 가지 검사를 더 한 후에 말씀드리겠습니다. 다음 예약 때는 보호자랑 함께 오셨으면 합니다. 그때 뵙겠습니다."

의사는 질문의 여지를 남기지 않고 내가 나가기를 기다렸다. 다시 검사받았다. 이번에는 유발전위 검사와 근육조직 검사를 했다. 마음이 조금 복잡해졌다. 내가 생각한 것보다 심각한 병이면 어떡하나 하는 걱정이 들기 시작했다. 남편에게 이야기하자 그도 별거 아닐 거라면서 걱정하지 말라고 했다. 당신이 예민한 편이고 자신의 어머니로부터 받은 스트레스가 많은 편이라 그럴 것이다. 그러니 평창동에 가는 일을 조금 줄이자고 했다.

다시 일주일이 지나고 남편과 함께 병원에 갔다. 의사의 얼굴이 심각했다

"현재 진찰 결과 환자분께서 이 병일 가능성은 90퍼센트쯤 됩니다. 운동신경원질환의 일종입니다."

"운동신경원질환이라고요? 그게 무슨 병이죠?"

나는 어리둥절해하며 물었다.

"루게릭입니다. 이 병에는 특별한 약이 없어요. 릴루텍 정이 완치 약은 아니지만 도움을 준다는 보고가 있습니다. 그리고 병의 지연을 돕는 라디컷 주사를 맞고 가세요. 혹시 근육병일 수도 있으니 약을 처방해드리겠습니다. 그 약이 치료에 도움을 주기도 합니다만 전혀 의미가 없을 수도 있습니다."

그 이야기를 들은 남편과 나는 아무 말도 하지 않고 잠깐 멈춰있었다. 그때 순간적으로 들었던 생각이 '설마'였는지 '거짓말'이었는지 기억나지 않는다. 그 일이 나에게 일어난 것이 아니라, 제삼자에게 일어난 일이고, 이것은 현실이 아니라고 생각했다. 가슴과 머리가 굉장히 멀어진 듯한 기분이 들었다. 그래서인지 아무 감정이 일지 않았다. 할 수 있는 처방을 모두 다 해달라고 하는 남편은 목소리가 간청하는 것 같이 들렸다. 이 모든 일이 아주 먼 곳에서 일어나고 있는 것 같았다.

진찰실을 나온 남편은 허둥거리는 것처럼 보였다. 신호등에서 혼자 건너갔다가 되돌아오기도 했고 당겨야 할 약국 문을 밀었다가 문이 열리지 않는 바람에 쩔쩔매기도 했다. 약국에서 약을 받고 나서 카드를 두고 나오는 바람에 약사가 뛰어와서 건네주었다.

집에 오자마자 비닐봉지에 가득 든 약을 식탁에 올렸다. 남편은 약 두 알을 손 위에 올려놓고 먹길 권했다. 릴루텍. 연 노란색 타원형의 이 약이 내 생명을 몇 개월쯤 늘려 준다고? 약을 받아 든 나는 삶은 개구리 증후군을 생각했다. 개구리를 뜨거운 물에 바로 집어넣으면 개구리는 밖으로 뛰쳐나와 살 수 있다. 그러나 차가운 비커 물에 개구리를 넣고 서서히 물을 끓이면 자신이 죽어간다는 사실을 인지하지 못하고 천천히 죽게 된다는 실험이다. 비커 안에서 삶기기 시작한 개구리처럼 나도 인지하지 못하는 순간에 서서히 굳어질 것이다. 이것을 알지만, 내가 할 수 있는 것은 아무것도 없었다. 나는 혀끝에 있는 릴루텍 정 두 알을 꿀꺽 삼켰다. 그런 나를 남편이 말없이 쳐다보고 있었다. 그의 눈에 절망이 너무 잘 보여서 저주처럼 느껴졌다. 나는 앞으로도 계속 멀쩡할 것 같은데, 그가 나를 절망으로 밀고 있는 것 같았다.

그의 눈빛을 보니 처음 만났던 때가 떠올랐다. 인턴으로 대기업에 입사했을 때, 그는 지금처럼 나를 쳐다보았다. 마치 내 스펙으로는 영원히 인턴으로 지낼 것 같아 안쓰럽다는 듯이. 그의 변하지 않는 관심에 결혼을 결심했다. 이상하게도 나는 상견례 자리에서 어깨가 움츠려 드는 걸 느꼈다. 그 집에서는 물질적인 것뿐만 아니라 다른 그 어떤 것으로도 나의 역할을 단 1도 필요로 하지 않았다. 그래서 일까? 아무도 강요하지 않았는데도 퇴직을 했다. 지금 생각해 보면 내가 해야 할 역할을 나 스스로 정했던 것 같다. 나는 시댁의 보조 역할을 하기에 적합한 사람이라고 생각했다. 평범한 집안에서 유교적 가정교육 받은 나는 아니요.를 모르는 사람처럼 네.를 반복했다. 점점 쪼그라드는 나의 내면을 제외하고는 모든 게 평온했다. 시어머니가 나에게 보내는 눈빛이 있었다. 조용한 말투에 아래로 내려다보는 눈빛, 친구들 앞에서 품위를 잃지 않고 무시하던 눈빛, 백화점에서 내가 옷을 입었을 때 아래위로 훑어보던 눈빛. 잔소리 한번 없이 눈빛만으로 어머니는 나를 찍어 눌렀다. 그래서 나는 그곳에서 식사하고 나면 늘 소화제가 필요했었다.

남편은 나와 함께 하는 시간을 늘리기 위해 퇴직했다. 그런 다음 집 가까이 조그마한 카페를 열었다. 시간 활용이 자유로워져 가게 일과 집안일을 다 할 수 있었다. 행동으로 보여준 그의 결정에 결혼 이후 느끼지 못했던 사랑을 느꼈다. 결혼 생활에서 힘들었던 일들이 아주 사소한 것이 되었다. 그때 크게 보였던 문제가 작아진 것 같은 느낌이 들었다. 모든 문제가 상대적으로 느껴지는 모양이었다.

조금씩 나빠지던 몸 상태가 급격히 나빠졌다. 혼자서 할 수 있는 것들이 인식하지 못하는 사이 조금씩 줄어들었다. 근육이 굳어가는 속도가 빨라졌다. 음식을 먹을 때 사레가 걸리는 일도 잦았다. 점차 유동식으로 바꾸었고 대소변을 혼자서 해결하는 것이 힘들어졌다. 남편은 물론 아들까지 도와주고 있지만, 대소변만큼은 아들의 도움을 받고 싶지 않았다. 침대에 누워서 남편이 올 때까지 기다렸다가 도움을 받았다. 그러나 그것도 곧 감당하기 어려워졌다. 결국 간병인을 고용했다. 아주 친절한 사람이라 언니라고 불렀다.

어느 날 남편이 만들어 준 음식을 받아먹고 있었다. 체에 걸러 내린 유동식이었다. 음식이 기도로 잘못 넘어갔다. 심한 사레에 걸렸다. 기침이 멈추질 않아 병원에 입원했다. 그 일로 인해 심한 폐렴을 앓았다. 치료받는 동안 자가 호흡이 힘들어져 인공호흡기를 다는 수술을 했다. 그 수술이 잘못되는 바람에 목소리를 잃었다. 가래가 생겨도 스스로 해결하기 힘들었다. 목에 구멍을 뚫고 기계를 닳았다. 가끔 너무 고통스러워 그냥 죽어도 괜찮을 것 같다고 생각했다. 처음에는 남편도 아들도 그 일을 힘들어하더니 시간이 지나자 능숙하게 모든 것을 처리해 주었다.하지만 그 모든 것과 상관없이 나 스스로 움직일 수 있는 부위가 급격히 줄어들었다. 이제 움직일 수 있는 것은 겨우 손가락 조금과 눈동자 정도였다. 몇 개월이 지나면 이것마저 힘들어질 것이다. 눈꺼풀도 움직이지 못하고 눈동자도 멈출 것이다. 불빛 앞에서 나는 스스로 눈도 감지 못할 것이다. 누군가 우리 가족을 멀리서 본다면 죽을 만큼 힘들 것으로 생각할 것이다. 하지만 그렇지 않다. 건강한 자들에게 일상이 있듯이, 모든 것을 받아들인 우리 가족에게 이 모든 일이 일상에 불과한 일일 뿐이었다. 우리는 웃고, 걱정하고, 싸우고, 화를 냈다. 물의 온도에 적응한 개구리처럼 죽음을 인식하지 못하고 있는 나의 삶은 평화롭기 그지없다.

남편이 나가고 간병인 언니와 둘이 있을 때였다. 언니가 키패드를 들고 와서 나의 눈동자 움직임으로 글자를 만들었다. 불편한 곳이 없냐고 물었다.

-괜찮아-

조금 전에 민영에게 전화 온 것과 민영이 보내준 바다 사진과 넓은 마당에 새로 시작한 조각 작품 만드는 과정을 영상으로 보낸 것이었다.

-바람이 느껴진다고 전해 줘-

언니는 원장님이 전화한 이야기도 했다. 곧 서울에 올 일이 있으니 들리겠다고 했단다. 언니가 오늘 마음이 어떠냐고 물었다. 행복하다고 말했다. 행복하다고? 하고 되물었다.

-남편과 아들이 있잖아. 나도 나를 사랑하고 있고. 그걸로 충분해-

그때 초인종 소리가 들렸다.

"누구세요?"

낮게 무언가를 말하는 소리가 나더니 문 열리는 소리가 들렸다. 언니를 따라 어떤 사람이 들어왔다. 누군가 침대 옆에 다가왔다. 내가 볼 수 있게 얼굴을 내민 사람은 시어머니였다. 지린내와 인공호흡기를 통해 나오는 불쾌한 침 냄새가 여자에게는 참을 수 없을 만큼 역겨웠나 보다. 잠깐 미간을 찌푸렸다. 그때 나 역시 그녀의 진한 향수 때문에 토할 것 같은 역겨움을 참아내고 있었다.

그녀가 내게 괜찮냐고 물었다.

-여느 때보다 좋아요-

생각했던 것보다 심각하구나, 하고 여자가 말했다. 그 말을 하지 않더라도 나는 그녀의 눈빛이 하고 있는 말을 이미 알고 있었다. 빠르게 상황 파악을 끝낸 그분의 눈빛에는 질책이나 못마땅함이 들어있지 않았다.

"갑갑하겠다."

여자가 말했다.

-어머니는 갑갑하지 않으세요?-

"나 말이니?"

-네-

"왜 그런 생각을 하지?"

-어머니 영혼이 답답해하는 것 같아서요-

여자는 내가 엉뚱한 말을 하고 있다고 생각하는 것 같았다. 어쩌면 내가 몸과 더불어 뇌가 어찌 되었다고 생각했을 것이다. 여자는 내가 루게릭병에 걸렸다는 이야기를 듣고 많이 힘들었다고 했다. 기회가 있어서 자신도 아이스 버킷 챌린지에 참여했단다. 빨리 낫기를 바란다고 말하며, 내 손을 잡아 주었다. 차가울 줄 알았던 손이 따뜻했다. 여자는 간병인 언니에게 잘 부탁한다는 인사를 하고 밖으로 나갔다. 언제나 그랬듯이 아주 바쁜 모양이었다. 여자가 돌아간 후 언니가 아이스 버킷 챌린지 하는 동영상을 보여주었다. 그녀는 학생들에게 둘러싸여 슬픈 목소리로 이야기하고 있었다.

"딸과 같이 사랑했던 우리 며느리가 루게릭에 걸린 것을 알고 힘들었어요. 이것을 통해 잠시나마 고통을 함께하고 싶어요. 사랑한다, 아가. 힘내라."

여자가 나를 딸과 같이 사랑하고 있었다는 것을 처음 알게 되었다. 학생들이 큰 목소리로 숫자를 세기 시작했다. 다섯, 넷, 셋, 둘, 하나! 얼음이 든 양동이 물이 여자의 머리 위로 쏟아졌다. 으악, 여자는 소리를 지르며 그 어느 때보다 큰 소리로 웃었다. 와하하하⋯ 여자는 얼음물을 뒤집어쓰고 굳은 육체를 몇 초쯤 체험했을 것이다. 그리고 잠깐 나를 생각하며 아파했을 것이다. 나는 그런 그녀의 행동에 상처를 받지 않는다. 그것이 위선이라 할지라도. 왜냐하면 내가 누군지 알게 되었으니까.

괴변처럼 들리겠지만 감옥이 된 육체 속에서 나는 그 어느 때보다 자유롭고 당당하다. 그것은 내가 육체 너머에 있는 존재라는 것을 깨달았기 때문이다. 세상의 모든 일이 그렇듯(예를 들어 고요 속에 있어야 시끄러웠음을 알고, 절망에 빠져봐야 기쁨이 있었음을 알듯이) 움직일 수 없는 육체가 되고 나서야 육체가 내가 아니라는 사실을 알게 되었다. 영혼이 진짜 나라는 걸 안 순간 나는 무한의 공간을 가질 수 있었다. 영차원으로 존재하는 무한의 나는 하루에도 몇 번씩 우주 공간을 유영하며 무한의 자유를 누리고 있다. 움직임이 둔해진 눈동자로 천장을 바라보았다. 컨디션이 좋아지면 다시 우주의 공간으로 여행을 떠날 예정이다. 그러나 나의 육체의 시공간은 이미 그 끝을 보이기 시작했다. 뜨거워진 비커 안의 물이 기포를 형성하며 끓어오르기 시작했다. 감옥이 된 육체로 다시 돌아올 일 없는 영혼은 가장 자유로운 내가 되기 위해 행복한 육체의 로그아웃을 기다리고 있다.

자각몽

미숙은 그 존재를 처음 대면했던 날을 잊을 수가 없다. 삼십 년이 지난 그 일이 어제처럼 선명한 까닭은 그것을 만난 첫 느낌이 말로 표현할 수 없을 만큼 괴기스러웠기 때문이었다.

그 존재가 미숙에게 나타난 것은 고등학교 3학년 때였다. 그 당시 그녀의 아버지는 가정에 소홀했을 뿐 아니라 외도가 잦았다. 그로 인해 어머니와의 불화가 극에 달했던 시기였다. 어머니는 살벌한 집안 분위기를 피해 궁여지책으로 그녀가 몇 달 동안 하숙할 수 있도록 조처해 주었다. 미숙은 모른 척하며 어머니 말을 따랐지만, 학업 스트레스와 부모님의 불화 때문에 불안하기 그지없었다. 마음 털어놓을 곳이 없었던 그녀는 자신의 모든 감정을 가슴 밑바닥에 꾹꾹 눌러두고 마치 자신의 것이 아닌 양 관심을 두지 않으려고 노력했다.

하숙집은 학교 근처에 있는 작은 복도식 아파트였다. 그곳은 페인트칠이 벗겨지고, 복도에 시멘트가 툭툭 떨어질 만큼 낡은 곳이었다. 특히 비가 오는 날에는 습기까지 더해져 그녀를 물속으로 끌고 갈 것 같은 으스스한 분위기를 연출했다. 미숙이 기거하는 방은 복도 맨 끝에 있었다. 그날은 시험 기간이라 늦게까지 공부를 했던 것으로 기억한다. 얼핏 잠이 들었다가 꿈인지 현실인지 분간할 수 없는 상태에서 그 존재를 만났다. 창문에서 얼굴 하나가 툭 튀어 들어와서 그녀를 내려다보고 있었다. 몸은 없고 얼굴만 살아있는 괴이한 형상이 창문에 붙어 있었다. 마치 부조 작품 같았다. 그것은 짧게 자른 스포츠머리에 거무튀튀한 피부를 가지고 있었다. 이마에는 굵은 주름 세 개가 가로로 선명했다. 얼굴만으로 존재하는 그것이 살아있다는 것을 알 수 있는 것은 번들거리는 눈빛 때문이었다. 그것은 움직임도 없이도 상대를 두려움과 공포로 몰아넣었다. 미숙은 두려움을 이기지 못하고 벗어나려고 발버둥 쳤다. 눈을 떴지만, 가위에 눌린 상태로 꼼짝할 수가 없었다. 몇 분의 시간이 흐르는 동안 손발이 묶인 사람처럼 가쁜 숨만

헐떡이고 있었다. 미숙은 그 일이 꿈이었는지 현실이었는지 알 수 없다. 두려움에서 벗어나려고 꿈이었다고 생각하기로 했다. 그래야 현실에서는 두려움에서 벗어날 수 있으니까. 그날 이후 눈감는 일이 공포가 되었다.

그 얼굴이 다시 찾아온 것은 오랜 세월이 지난 후였다. 그날은 아들 준석이 겨울방학을 시작한 날이었다. 주방에서 보니 학교에서 돌아온 준석이 거실에 있는 남편에게 성적표를 내미는 게 보였다. 얼핏 전교 13등이라고 이야기하는 소리가 들렸다.

"이걸 등수라고? 머리를 쓰지 않고 손으로만 적어도 이 정도 성적은 나오겠다. 이런 쓰레기를 아무렇지도 않게 보여주다니. 쯧."

그 목소리를 듣는 순간, 미숙의 가슴에서 뭔가가 욱하고 치밀었다. 그것은 결혼 이후 그녀가 인내로 눌러놓았던 남편에 대한 분노였다. 아들의 성적표를 보고 비꼬는 남편의 목소리를 듣자, 상처로 남아있던 다른 모든 감정이 한꺼번에 폭발했다. 미숙은 그동안 마음으로만 해오던 수동적 공격을 겉으로 드러냈다. 설거지를 하던 접시를 집어 들어 남편을 향해 힘껏 던졌다. 접시가 빗나가 대리석 바닥에 떨어져 파편으로 튀었다. 그런 그녀의 행동에 그도 화가 주체 되지 않는지 미숙을 향해 화병을 던졌다. 남편이 던진 꽃병에 맞은 미숙의 이마에서 피가 뚝뚝 떨어졌다. 준석이 가져온 수건으로 이마를 눌렀다. 그러나 피는 수건을 적시고 얼굴 위로 흥건히 쏟아져 내렸다. 그 와중에도 거실에는 소리가 없었다. 구급차가 왔었다. 전화를 한 사람이 준석인지 미숙 자신인지 기억나지 않지만, 남편이 전화하지 않은 것만은 확실했다.

남편은 친정아버지를 닮은 사람이었다. 미숙은 그런 남편 옆에서 친정어머니와 비슷한 모습으로 나이 든 자신을 발견했다. 회색빛 침묵이 감도는 거실, 두려움과 결핍에 허덕이는 자신과 아들, 어쩌면 남편 또한 그러하리라. 생각지도 못했던 것이 대물림되었다. 부모와 다른 삶을 살려고 얼마나 노력했던가. 애쓰고 있던 중에는 보이지 않던 것들이 그것을 놓아 버리자 비로소 보이기 시작한다. 삶을 내려놓는 방법은 여러 가지가 있다. 에라 모르겠다, 하고 팽개치듯 놓을 수도 있고, 깨달음을 얻어서 초월하듯이 내려놓기도 한다. 때로는 번 아웃이 되어서 자신의 의견과 상관없이 저절로 놓기도 한다. 미숙은 이 세 가지가 조금씩 섞인 상태로 내려놓은 상태이다. 그리고 자신의 가정을 돌아보니 마치 어린 시절 자신의 부모가 살았던 삶을 그대로 옮겨 놓은 듯한 모습을 하고 있었다. 불편한 관계에서 생긴 어두운 감정이 아들에게 고스란히 스며들고 있었을 것이다. 마치 어린 시절 자신이 그랬던 것처럼. 그날 준석은 원인도 없이 결과만 남은 싸움을 목격하면서 혼란스러웠을 것이다. 구급차를 타고 간 병원에서 아들의 눈빛이 변하는 것을 보았다. 눈을 내리깐 채 입술을 깨물고 있던 아들은 눈에 파란 불꽃을 보이며 마침내 병원 문을 박차고 밖으로 뛰어나갔다. 미숙은 그때 아들을 붙잡지 못했다. 그날 밤이었다. 혼자 누워 있는 미숙의 침실에 그 존재가 다시 찾아왔다. 그것은 침실 유리창에 얼굴을 디밀고 미숙을 내려다보고 있었다. 오랜 세월이 흘렀지만, 그것은 늙지도 젊어지지도 않은 고등학교 때와 같은 모습이었다.

시간이 거침없이 지나갔다. 어느새 또 겨울이다. 어둑하게 찾아온 아침은 쉽게 밝아지지 않았다. 미숙은 커튼을 열어젖혔다가 밖에서 들어오는 한기를 견디지 못하고 도로 닫았다. 어두운 거실은 텅 비었고 적막했다. 소파에 앉아 어젯밤에 자신을 찾아온 그 존재를 떠올렸다. 창문에서 얼굴을 디밀고 그녀를 내려다보는 존재를 만났을 때 달라진 게 있다면, 처음에 공포에 질렸던 것과는 달리 이제는 눈을 뜨고 바라볼 수 있게 되었다는 것이다. 그리고 그 존재가 눈에 보이면 자신이 꿈속에 들어와 있다고 생각했다. 그러고는 그녀가 꿈에서 깨려는 마음이 들 때까지 그냥 가만히 바라보고만 있을 뿐이었다. 그랬던 그 존재가 얼마 전부터 꿈에서뿐만 아니라 현실에서도 그녀를 따라다니기 시작했다. 불길한 징조는 언제나 유리창에서 그것이 고개를 들이밀고 지켜보고 있다는 것이었다. 조금 전에도 커튼 사이 유리창에서 그 존재는 미숙을 바라보고 있었다. 미숙이 눈을 감고 머리를 흔들고 나서 다시 보았다. 그러자 그 존재는 사라지고 없었다.

미숙은 깊은 한숨을 내쉬었다. 고요한 거실에 소리라도 채울 요량으로 텔레비전을 켰다. 운동기구를 소개하는 쇼 호스트의 열정적인 목소리, 만화 영화, 뉴스, 노래를 부르는 채널, 트롯을 부르는 남자가수가 나왔다. 요즘은 트롯이 대세라더니 노래를 부르는 채널이 많았다. 미숙은 노래하는 가수를 유심히 쳐다보았다. 남자는 나이와 어울리지 않게 인생을 다 알고 있다는 듯이 처절하게 노래를 부르고 있었다. 미숙은 트롯이 싫었다. 그 까닭은 가사 때문이었다. 인생이 다 그렇고 그렇지 않냐는 뉘앙스와 사랑에 대해서도 마찬가지다. 육체를 만질까 말까 하는 듯한 얕은 사랑의 가사가 가슴 앞쪽을 살짝 건드리는 느낌이었다. 삶의 공통분모를 겉핥기로 조금 드러내고는 공감하라고 하는 듯해서 노래를 들을 때마다 심기가 불편했다. 텔레비전을 끌까 하다가 소리를 지우고 계속 켜두었다. 소리가 사라진 화면에서 남자가수가 무성 영화의 한 장면처럼 움직이고 있었다. 그는 인위적인 웃음을 보이며 절제된 동작으로 손을 위로 들어 올리며 그 손을 따라 눈을 치켜뜨고 있었다.

소파에 앉아 있던 미숙은 생각했다. 호흡을 닮은 이것이 살아있다는 증거일까? 육체의 움직임이 삶으로 느껴지지 않는 것은 무뎌진 감각 때문일지도 모른다. 지나온 날을 돌아보았다. 살았던 것 같기도 하고, 산 적이 없었던 것 같기도 한 인생의 기억들이 가끔 흑백사진처럼 부분으로 남아있었다. 남편과 만난 기억도 부분적이었고 낡아 있었다.

그와 처음 만난 곳은 전라도 소도시 고등학교에서였다. 교장선생님이 된 큰아버지를 뵈러 갔던 날이었다. 교문에 명문대 의대에 합격한 것을 축하한다는 플래카드가 걸려 있었다. 교장실에 어떤 남자가 먼저 와 있었다. 나중에 알고 보니 그가 명문대 의대에 수석 합격한 당사자였다.

"교장 선생님이 되신 것 축하드립니다."

남자는 고개를 깊이 숙이고 인사했다. 큰아버지는 고맙

다고 말하면서 옆에 서 있는 나를 그에게 일방적으로 소개했다. 오직 선택권은 그에게 있다는 듯이. 요즘에 이 상황을 이야기 들으면 어이없는 일이겠지만, 1990년대에는 눈에 띄게 여자를 함부로 하는 때였다.

"처음 뵙겠습니다."

그가 나를 돌아보며 말했다. 큰아버지는 그에게는 우리 아버지가 이 지역의 유지라는 것을 특히 강조했다. 자네처럼 어려운 집안에서 공부를 한 사람이 가장 빨리 일어설 수 있는 길이 여기 있다는 듯이 말이다. 그 후 우리는 교제 기간도 길게 갖지 못하고 결혼했다. 그는 대학병원에 다니다가 미숙의 친정아버지의 도움으로 준종합병원을 차렸는데 꽤 성공적으로 운영하였다. 남편은 친정에서 경제적으로 도움을 받은 터라 미숙에게 조심스럽게 대했다. 그러나 얼마 지나지 않아 본색을 조금씩 드러냈다. 미숙은 다니던 직장을 그만두고 전업주부가 되었다. 왜냐하면 자기 부모와는 다른 가정을 만들고 싶었기 때문이었다. 자신이 열심히 노력하면 삶이 달라지리라 생각했지만 그녀의 생각대로 삶이 펼쳐지지 않았다. 자기와 분리된 가족의 생각을 어떻게 할 수 없다는 것을 오랜 세월이 지나서야 깨달았다. 그리고 나니 가정에서 자신이 할 일이 없었다. 삶이 무의미하게 끝날지도 모른다는 생각이 들었다. 불안했다. 계속 살아야 하나? 가끔 이런 생각이 들었다. 또 한편으로는 삶을 객관화하지 못하고 집안에서만 생활한 자신을 책망하기도 했다. 가정을 위해 최선을 다해 살았는데도 불구하고 나중에 돌이켜보니 부모와 닮은 삶을 이어가고 있는 것에 불과하다는 것을 알았다. 허탈하기 짝이 없는 결론에 도달한 기분이었다. 그래서일까? 그녀는 자신이 사방에 둘러싸인 벽에 짓눌린 기분이 들었다. 위축되고 좁아진 세상에서 삶의 의미를 찾으려고 노력했지만, 아무런 희망도 보이지 않았다.

미숙은 소파에서 고개를 돌려 아들의 방문을 쳐다보았다. 어젯밤에 열어두었던 문이 닫힌 걸로 보아 새벽에 들어온 모양이었다. 아들은 그날 이후 거칠게 변했고 부모와의 소통을 거부했다. 집 안에 갇힌 자신처럼 아들은 방 안에 숨어들어갔다. 아들과 자신이 다른 점은 아들은 방 안에서도 넓은 세계와 마주하고 있을지도 모른다는 것이다. 컴퓨터와 스마트폰으로 자신이 원하는 세계와 마주하고 있을지도 모른다. 좋아요, 세 개가 있으면 스마트폰이 친구보다 자신을 더 잘 안다고 생각하게 된다고 한다. 열다섯 개의 좋아요. 가 가족보다 알고리즘이 자신을 더 잘 알게 되고, 이백 개의 좋아요, 가 있으면 컴퓨터가 자신보다 자기 자신을 더 잘 이해한다고 했다. 그렇다면 아들은 자신보다 자신을 더 잘 아는 알고리즘이 이끄는 삶을 깊이 있게 살고 있을지도 모른다. 부모와 소통을 거부할 뿐, 누군가와 소통하고 있을지 모른다고 생각하니까 마음이 조금 놓였다.

아들은 아주 가끔 밤에 외출했다. 그 틈을 이용해 미숙은 아들 방에 들어가서 청소를 했다. 아들의 감정 상태를 닮은 쓰레기가 널려 있었다. 침대에 걸쳐진 옷가지, 컵라면을 뜯은 비닐 옆에 흩뿌려진 가루, 곰팡이가 핀 편의점 음식, 젖은 채 뒹굴고 있는 수건, 과자 봉지, 음식물이 들러붙어 있는 그릇, 컴퓨터에 쌓인 먼지, 짝이 맞지 않은 양말이 냄새와 뒤섞여 있었다. 너저분한 방 안이 아들의 마음을 대변하는 것 같았다. 미숙은 아들이 방에 있을 때는 방문을 열지 못했다. 마음을 닫은 아들이 폭력적으로 변했기 때문이다. 아들은 낮 동안 잠을 잘 것이다. 그런 다음 오후 늦게 일어나 냉장고 문을 열고 음식을 뒤져서 방 안으로 가지고 들어가겠지. 밥을 먹으면서도 핸드폰에서 눈을 떼지 않고 자신의 알고리즘들이 모여 있는 SNS를 쳐다볼 것이다. 그는 가상 세계로 들어가 자신의 존재를 잊으려 할 것이다. 아니 어쩌면 그는 이미 자신이 만들어둔 가상 세계에서 살고 있을지도 모를 일이다. 미숙이 알던 아들은 이제 없다. 아들과 소통하지 못한 채 흘러가 버린 시간을 생각하면 가슴이 아팠다. 아들은 저 방 안에 어떤 세상을 만들어두었을까? 그런 생각하니 무거운 검은 덩어리 하나가 가슴을 짓눌렀다.

드르륵 드르륵.

진동음이 울리는 휴대폰을 열어보니 윤희와 지윤이 카톡으로 이야기하고 있었다.

-잘들 지내지? 한번 보자.-

-우리 만난 지 너무 오래되지 않았니?-

윤희의 문자에 지윤이 대답했다.

-나 오랜만에 미숙이 만나러 성당에 가려고… 지윤아, 너도 와서 같이 점심 먹자.-

윤희의 문자에 지윤이 점심을 힘들 것 같다고 답한 게 보였다. 우리가 먼저 가서 먹고 있으면 카페로 오겠다고 했다.

-미숙아, 오늘 너 보러 성당에 가려고 하는데 괜찮지? 성당은 네 집이잖아. 안 그래?-

-맞아.-

윤희의 농담에 미숙이 진지하게 대답했다. 윤희는 가끔 미숙을 밖으로 불러내는 친구이다. 윤희가 없었다면 미숙은 밖에 나가는 일이 거의 없었을 것이다.

소파에 쪼그리고 앉아 있던 미숙이 몸을 펴고 일어섰다. 성당에 갈 준비를 하기 위해서였다. 추웠다. 그녀가 사는 아파트는 크고 오래되어 난방이 원활하지 않기도 했지만, 무엇보다 마른 몸에 찬바람이 들어왔다. 요즘은 대부분의 사람은 날씬한 것을 원하지만 그녀는 마른 정도가 심했다. 머리를 말리고 얼굴에 로션만 툭툭 두드려 발랐다. 내복 위에 옷을 여러 벌 겹쳐 입었다. 뼈만 남은 미숙은 옷을 여러 겹 입어도 여전히 말라보였다. 길가에 버려진 나뭇가지처럼 기름기라고는 없는 푸석푸석한 얼굴에 화장을 했던 기억이 너무 오래되어 생각나지 않았다. 검버섯이 생긴 푸석한 얼굴에 머리만 대충 말리고 나갈 채비를 끝냈다. 장갑을 끼고 현관으로 걸어가면서 아들의 방문 앞에 잠시 멈춰 섰다. 귀를 기울여 보았지만, 기척이 없었다. 밖으로 나오자 뼛속으로 들어오는 추위를 견딜 수 없어서 다시 급하게 집 안으로 들어왔다. 그녀가 나간 사이에 아들이 일어난 모양이었다. 화장실 문 닫히는 소리가 들렸다. 아들은 그녀가 나가기를 기다리면서 방 안에서 나오지 못하고 귀를 곤두세우고 있었을지도 모른다. 그녀는 커다랗고 두꺼운 숄을 두르고 다시 밖으로 나왔다. 성당을 향해 걸어가는 동안 그녀 손에 들린 묵주가 돌고 있었다. 미숙을 묵주에는 아들이 실리고, 부도덕한 남편이 실렸다. 어린 시절 자신을 힘들게 했던 아버지도 실었고, 두려움과 공포에 떨던 자신의 온전치 못한 마음상태도 실었다. 그것을 돌렸다. 그래야 모든 문제들이 사라지기라도 한다는 듯이. 그러나 언제나 묵주에 실린 문제들은 해결될 기미가 보이지 않았고 다람쥐 쳇바퀴 돌듯이 무한대로 돌고만 있을 뿐이었다.

성당에 도착했더니 이미 예배 시간이 지나 있었다. 앉을 자리를 찾으려고 보니, 자신이 늘 앉던 자리가 전용석이라도 되는 듯이 비어 있었다. 조용히 그곳으로 가서 앉았다. 신부님의 말이 마음으로 들어오지 못하고 겉에서 돌고 있었다. 미사가 끝나자 미숙은 고해 성사를 해야 할 것 같은 마음이었다. 사랑하라고 한 말씀을 지키지 못했다. 아니 지킬 수가 없었다. 자신의 마음속에 있던 감정들이 이미 굳어 버려 그것이 어떤 감정인지 기억나지 않았기 때문이었다. 한참 후에 성당 밖으로 나왔다. 숄을 두르고도 추워서 어깨를 웅크리고 계단을 내려가는 미숙의 뒷모습은 팔십 노파처럼 힘없이 굽어 있었다.

"무슨 기도가 그렇게 기냐?"

그때 그녀 뒤를 따라 내려온 윤희가 미숙의 팔짱을 끼며 말했다. 미숙은 무표정하게 그녀를 돌아보았다. 윤희는 그 태도가 익숙하다는 듯이 아랑곳하지 않고, 뭐 먹을까? 하고 물었다. 미숙은 아무거나 먹자고 대답했다. 그녀는 늘 먹고 싶은 게 없었다. 고등학교 동창인 미숙과 윤희는 학교에 다닐 때는 얼굴만 아는 사이였다. 그런데 우연히 초등학교 학부모 모임에서 만난 후 이십 년 넘게 친하게 지내고 있었다. 미숙이 가끔 윤희에게 자신의 아픔을 이야기했다. "힘들어."라든가 "이렇게 애쓰는데도 왜 내가 원하는 삶이 아닌 거지?" 또는 "남편과는 어디서부터 잘못된 걸까?"라고 하든지 "준석이가 방 안에만 있어." 등 한두 마디로 자신을 드러냈다. 그럴 때마다 윤희는 미숙의 눈을 들여다보며 무언가 도움을 줄 만한 것을 찾으려고 애쓰는 것 같았다. 미숙은 그녀가 자신의 말을 진심으로 듣고 있고 해결점을 찾아주려고 했으나 방법이 많지 않았다. 모든 문제는 미숙 자신에게서 나온 것이므로 해결 역시 그녀 자기 일로 귀결될 것이다. 미숙은 그녀가 자신을 이해하려고 촉촉한 눈빛으로 쳐다보는 것을 보며 그녀가 어떤 마음인지 정확하게 이해할 수는 없었다. 윤희 또한 자신과 마찬가지로 미숙이 느끼는 감정을 온전히 느끼지는 못할 것이다. 결국 인간은 모두 완벽한 타인이다. 그 생각 때문인지 모르지만, 미숙은 아까보다 더 차가운 한기를 느꼈다.

성당 바로 옆에는 갈치조림을 전문으로 하는 허름한 식당이 있었다. 열 개 남짓한 테이블이 있는 가게 안으로 들어서자 손님들로 꽉 차 있었다. 개방식 주방에는 머리에 꽃무늬 두건을 쓴 여자가 앞치마를 두르고 음식을 만드느라 분주해 보였다. 그런 와중에도 그들이 들어오는 것을 보고 인사를 건네는 걸 잊지 않았다. 윤희가 추워서 밖에서 기다리기 힘들다고 말하면서 안에서 기다리겠다고 양해를 구했다. 주인 여자는 흔쾌히 그러라고 하면서 다시 손을 빠르게 움직였다. 식당 주인 여자가 뿜어내는 에너지가 둥근 원을 그리며 공중으로 올라가고 있는 것 같았다. 가게 안이 좁아서 서서 기다리는 것이 부담스러웠지만, 둘은 끈기 있게 자리가 나길 기다렸다. 어떤 테이블에서 식사를 마친 손님이 계산하고 나갔다.

윤희가 미숙을 툭 치고는 몸을 흔들며 웃었다. 그것은 이제 우리 차례야 혹은 이제 먹을 수 있어, 라는 의미를 품고 있는 행동일 것이다. 먹고 싶은 음식을 기다리다 기뻐하며 침샘이 그것에 반응하고 즐거워하는 것은 살아있다는 걸 증명하는 일과도 같다. 이와 같은 의미로 피곤을 느끼며 잠을 자는 행위나 사랑하는 사람을 보고 안고 싶은 욕구를 느끼는 것은 일맥상통하는 일일 것이다. 살아있다는 증거는 세세한 것에 감정을 느끼는 일이며 그것을 얼마나 풍족하게 느끼느냐에 따라 삶이 풍성해질 수도 있고 그렇지 않을 수도 있다. 미숙은 그런 감정 중 하나인 식욕을 느껴보려고 했다. 하지만 그 감정으로 충족된 적이 한 번도 없다는 듯 낯선 감정을 느낄 뿐이었다. 잠을 자는 일 역시 마찬가지였다. 푹 자고 일어난 느낌을 가졌던 게 언제였던가. 이 모든 일의 원인이 외부에서 일어나는 일 때문인 것은 아닐 것이다. 힘든 내면에 쌓아둔 우울이나 불안 또는 두려움이 힘들 때마다 더욱 고개를 치켜세우며 점점 강하게 자신을 드러내려고 했다. 때로 그것은 감당하기 힘든 회오리가 되었다. 한 덩어리로 뒤섞여 굳어져 버리자 무감각의 상태가 되었다. 아무것도 느끼지 못하는 무감각 또는 모든 감정을 같은 상태로 받아들이는 무감각. 미숙은 자신의 상태가 두 가지 다에 해당될지도 모른다고 생각했다.

홀에서 서빙 하던 여자가 테이블이 빈 것을 보고 잽싸게 움직였다. 커다란 쟁반을 테이블 위에 걸쳐놓고 먹은 그릇을 던지듯이 포개 얹더니 순식간에 치워버렸다. 여자는 물걸레로 테이블을 싹싹 닦고 나서 다시 마른걸레로 닦았다. 테이블이 깔끔해졌다. 여자가 이제 앉아도 된다고 말하자, 윤희가 얼른 자리를 차지하고 앉았다. 그리고 맞은편에 앉은 미숙에게 뭔가를 말하고 싶은 표정으로 그녀를 자꾸 힐끔거리며 쳐다보았다. 결국 끝까지 참지 못하고 화장도 좀 하고 옷도 제대로 입고 다니라고 말했다. 미숙은 그것이 비난이 아니라 애정을 담은 잔소리임을 알기에 쓴웃음을 지어보였다. 오십 대 중반이라고 하기에는 주름이 많고 얼굴에 신경을 쓰지 않아서 군데군데 검버섯도 피어있는 얼굴이었다.

"제발 많이 좀 먹어. 몸이 그게 뭐냐? 남들이 보면 난민인 줄 알겠다. 누가 너를 병원장 사모님이라고 하겠니? 나 같으면 명품으로 휘감고 살겠구먼."

그때 음식이 나왔다. 갈치조림이 납작한 냄비에서 팔팔 끓고 있었다. 집에서 그런 냄비가 있다면 당장에 버렸을 정도로 낡은 냄비에 갈치가 담겨 있었다. 맛있게 먹는 윤희와 달리 미숙은 거의 다 남겼다. 많이 먹으라고 채근하는 윤희에게 왜 모든 음식에서 쓴맛이 나느냐고 물었다. 그 말에 어이없다는 표정을 지으며 윤희가 미숙을 쳐다보고 있었다.

식사를 마치고 둘은 근처 커피숍에 자리를 옮겼다. 그때 지윤이 왔다. 지윤이 미숙을 보자마자 왜 이렇게 말랐냐며, 지난번보다 더 마른 것 같다고 하며 아픈 건 아니냐고 물었다.미숙은 대답하지 않았다. 그래도 지윤은 자기가 하고 싶은 말을 해야겠다는 듯이 우리도 이제 건강 챙겨야 하는 나이가 되었다는 둥 아프면 자기만 손해라는 둥 이야기했다. 지윤의 말에 윤희는 동의한다는 듯이 고개를 끄덕였다. 둘이 오랜만에 만나 반가워서 어쩔 줄 모르겠다는 듯이 웃으며 이야기하고 있는 모습을 지켜보던 미숙이 고개를 돌려 밖을 내다보았다. 통유리로 된 창으로 고스란히 바깥 풍경이 들어왔다. 사람들이 다니지 않는 한적한 공원에 나무들만이 자신의 자리를 지키고 서 있었다. 키가 작은 나무들은 가지치기가 되어 둥그스름했고, 그 뒤로 보이는 큰 나무들은 가지만 남은 채로 빼곡히 서 있었다. 잎이 떨어진 짙은 고동색의 나뭇가지들이 흐린 날씨와 조화를 이루고 있었다. 수묵화처럼 변한 겨울 풍경은 카페 안의 따뜻함과 대조를 이루어 멋진 미술작품처럼 보였다. 그때였다. 언뜻 그 존재가 창으로 얼굴을 드미는 것이 보였다. 번들거리는 눈빛을 보내며. 미숙은 그들에게 창문에 얼굴이 보이느냐고 물었다. 얼굴? 그들이 물었다. 미숙은 스포츠머리를 하고 번들거리는 얼굴이 보이지 않느냐고 다시 물었다. 윤희가 무슨 소리야? 거기에 사람 있을 데가 어디에 있다고. 나무뿐이잖아! 했다. 미숙에게 보이는 그 얼굴이 그들에게는 안 보이는 모양이었다. 눈을 질끈 감았다가 뜨면서 머리를 흔들고 다시 유리창을 보았다. 그러자 그 존재는 사라지고 없었다. 미숙은 친구들이 이야기하는 소리가 멀리서 들리는 것 같이 웅웅거렸다. 둘이 이야기를 하다가 깔깔거리는데 미숙은 그녀들이 왜 웃는지 알 수 없었다. 둘은 남편과 있었던 일들을 이야기하며 속상해하기도 하고, 어떤 부분에 있어서는 들뜨기도 했다. 미숙에게 그들이 느끼는 낯선 감정을 바라보고만 있었다. 깊은 물속에서 그들이 대화하고 있는 것처럼 가끔 소리가 사라졌다가 들리곤 했다.

"그런데 우리 아들 중학교 2학년 때 있었던 일 생각나니? 샤프 사건 말이야."

윤희가 말했다. 그리고 이어 큰 비밀을 말하기나 하는 것처럼 목소리를 낮췄다.

"이거는 진짜 나만의 비밀인데 흑역사 하나 이야기해 줄게. 태민이가 가수 되겠다고 밴드 만들고, 놀러 다니고 했던 것 알지? 그때 태민이가 샤프 던진 선생님 기억나니?

아이들 사이에서 싸이코라는 별명을 가진 음악 선생님 말이야. 가수 하겠다고 하는 애한테 목소리를 약점으로 잡고 친구들 앞에서 망신을 줬다고 하더라고, 그래도 그렇지, 그 녀석이 선생님에게 샤프를 던질 줄이야. 빗나갔으니까 망정이지, 지금 생각해도 소름이 끼친다. 그래서 내가 교장실에 불려갔었잖아. 학폭이 어쩌고, 퇴학이 어쩌고 이런 대화가 막 오갔는데, 내가 너무 우니까 교장 선생님이 두루마리 화장지를 건넸어. 그런데 두루마리 화장지가 얇게 두 장으로 되어 있는 거 알지?"

"맞아. 두루마리 화장지는 두 장으로 되어 있어."

지윤이 맞장구를 쳤다.

"내가 눈물을 닦는다고 눈에 화장지를 댔다가 손을 뗐는데 글쎄 화장지가 한 장만 떨어지고 나머지는 눈물 자국처럼 기다랗게 붙어버린 거야. 이렇게. 만화 영화에 나오는 눈물 자국처럼 말이야."

윤희가 손으로 눈물 자국 모양을 만들었다.

"그 심각한 상황에서 교장 선생님도 웃음을 터뜨렸다니까. 지금 생각해도 창피하다."

"하하하."

"하하하…"

윤희와 지윤이가 눈물을 찔끔거리며 웃었다. 미숙은 그들이 웃는 것을 보며 생각했다. 저렇게 웃는다는 것은 지나간 일이라는 것이고 지금은 괜찮다는 것이다. 마음을 통과하여 지나가면 사라지는 것이 감정의 속성인 모양이었다. 지난날에 있었던 일은 그게 무엇이든지 큰소리로 웃으며 마주할 수 있어야 한다. 미숙은 자신이 겪은 감정들을 보내지 못하고 붙잡고 있음을 안다. 힘들었던 어린 시절 인정받지 못하고 두려움에 사로잡혀 있었던 감정들이 아직도 고스란히 남았다. 그래서 자신은 웃지 못하는 것일지도 모른다. 그러고 보니 우는 방법도 잊어버렸다. 그것뿐 아니라 모든 게 생각나지 않는다. 미숙은 친구들의 웃음소리를 들으며 자신만 다른 차원에 와 있는 것 같다고 생각했다.

드르륵드르륵.

그때 미숙의 전화기에서 진동음이 울렸다. 남편의 전화였다. 그가 연락했다는 것은 아주 심각한 일이 있다는 뜻이다. 몇 개월 만에 온 전화였다. 전화를 받고 나서 왜 전화했냐고 물었다.

"이번에 새로 짓고 있는 요양병원에 다녀와야 할 것 같은데."

미숙은 남편의 병원 일에 관여한 적이 없었다.

"급한 일이 생겨서 그래. 내가 지불해야 하는 영수증 몇 가지랑 인테리어 정해야 할 품목을 문자로 보낼 테니까, 오늘 거기에 가서 일 좀 처리해."

알았다고 대답하려고 했다. 하지만 이야기가 끝나지도 않았는데 전화가 끊겨 있었다. 마치 들을 말이 하나도 없다는 듯이. 미숙은 친구들에게 상황을 설명하고 밖으로 나왔다.

택시를 타고 남편이 말한 건물을 찾아갔다. 커다란 낡은 5층 건물이었다. 바깥에 벽면을 보수하고 있어 낡은 철골들이 얼기설기 있어 더욱 그렇게 보였을지도 모를 일이었다.

건물 안으로 들어갔다. 텅 빈 건물은 먼지가 쌓여 있어 어수선했다. 3층에 일하는 사람들이 있었다. 그곳으로 올라갔다. 거기에 어떤 여자가 인부들에게 이것저것 지시하고 있는 게 보였다.

"저기… 누구신지?"

미숙이 조심스럽게 물었다.

"청소하러 오셨나요?"

여자가 미숙을 보더니 다짜고짜 물었다.

"왜요?"

여자는 대답하지 않고 서 있는 미숙을 이상한 눈으로 쳐다보며 되물었다.

"나는 청소하러 온 사람이 아니라…"

"아! 그럼, 커튼 때문에 오셨구나. 우선 4층과 5층은 인테리어가 끝났으니 그곳에 치수를 재고 견적을 내줘요."

"그게 아니라."

그제야 여자는 하던 일을 멈추고 미숙을 빤히 쳐다보았다.

"그럼 무슨 일로 오셨죠?"

여자는 거침이 없어 보였다.

'저 여자군.'

몇 개월 전 병원 직원이 그녀에게 병원에서 안주인 노릇을 하는 수간호사 이야기를 해주었다. 신경 써야 할 것 같다고. 그러나 미숙에게는 에너지가 없었다. 분노할 에너지도, 싸울 에너지도, 느껴야 할 감정 에너지도, 삶의 에너지도 다 사라진 상태였다. 모든 것에서 멀어져 버린 미숙은 자기 삶에서조차 제삼자가 되었다.

"조금 전에 남편이 전화했더군요. 이곳에 가서 오늘 지불해야 하는 것과 인테리어 해야 할 것들을 체크해 달라고."

"아! 그럼. 사모님이세요?"

순간 여자는 당황한 얼굴빛을 감추지 못했다.

"다들 사모님께 인사드리세요." 하고 말했다. 인부들은
그녀의 말에 미숙을 훑어보며 인사를 했다. 여자는 더 큰
목소리로 말했다.

"그리고 휴식 시간이 다 되어가니 조금 쉬겠습니다. 항
상 그랬던 것처럼 옆 건물에 있는 1층 가게에서 드시고 싶
은 것 드시면 됩니다. 그리고 김 기사, 먹은 거는 잘 정리
해서 적어두세요."

미숙은 여자가 어색한 상황을 순발력 있게 대처하는 것
을 가만히 지켜보았다. 열 명 남짓한 인부들이 나가고 여
자와 미숙만 남았다.

"저는 수간호사 이영란입니다. 사모님, 아까는 실례가
많았습니다. 죄송합니다."

"나는 병원 일에 관여하는 사람이 아니라는 것을 알고
계시죠? 남편이 부탁해서 왔어요. 수간호사님이 있는 줄
알았으면 오지 않았을 텐데요."

"어젯밤에 원장님께서 술을 너무 많이 드셔서 제가 임
의로 나온 것입니다."

"그래요? 남편이 병원에서 술을 마시진 않을 텐데요."

"…"

"알고 있어요. 두 사람 관계."

"…"

여자는 아무 말도 하지 않았다. 미숙은 잠깐 여자의 얼굴에 나타난 위축된 감정을 보았다. 그러나 그것이 미숙 자신이 지나치게 평온한 모습으로 그녀를 대하고 있기 때문이라는 것은 깨닫지 못했다.

"사모님, 잠깐만 기다려 주시겠어요? 실은 오늘 제가 여기 올 수 있는 상황이 아니었는데 급하게 나왔습니다. 어쨌든 병원장님께서 말씀하신 것 정리해서 드리겠습니다. 잠깐 여기에 앉아 계세요."

미숙은 서류 정리가 끝나기를 기다리며 건물을 둘러보았다. 자신과 아무 상관없는 남의 건물을 구경하듯 무심하게 둘러보았다. 인테리어가 끝난 4층과 5층은 아늑한 병실로 바뀌어 있었다. 환자가 되어 누워있고 싶다고 생각이 들 정도였다.

3층으로 내려와 이곳저곳을 둘러보다가 다시 공사 중인 방으로 돌아왔다. 여자는 그때까지 집중해서 무언가를 적고 있었다. 그녀는 미숙이 들어온 것을 인지하지 못했다. 바닥에 물건들이 어지럽게 널려 있었다. 미숙은 빗자루를 들고 바닥을 치우기 시작했다. 줄자를 감아 창문턱에 올려 놓았다. 바닥에 어지럽게 널려 있는 톱과 공구들을 한곳으로 모았다. 찢어진 종이 사이에 망치가 있었다. 그것을 치우기 위해 손에 들었다. 그때 앰뷸런스가 커다랗게 소리를 내며 달리고 있었다. 그 소리가 다급한 상황을 알려주고 있는데도 불구하고 미숙은 그것과 무관한 감정이었다. 오래전에 얼어버린 마음에 동요가 없었다.

창밖으로 보이는 도로의 자동차들은 미숙의 정지된 내면과는 반대로 바삐 질주하고 있었다. 일상적인 풍경이 낯설게 느껴졌다. 미숙은 장부를 정리하느라 고개를 숙이고 있는 여자를 쳐다보았다. 남편의 태도로 보아 저 여자와의 관계가 끝나가고 있는 게 분명했다. 앞으로 여자에게 일어날 일이 눈에 보이는 듯했다. 저 여자는 곧 남편에게 버림받을 것이다. 그리고 남편은 새로운 만남을 시작할 것이다. 이럴 때는 당연히 화가 나야 하는데 미숙의 감정에는 아무런 변화가 없었다. 저 여자, 장부를 정리하고 있는 여자, 자신을 닮은 저 여자. 자세히 보니 그 여자는 남편에게 버림받은 또 한 명의 미숙이었다. 미숙은 소리를 내지 않고 자신에게 다가갔다. 그리고 로봇 같은 움직임으로 자신의 머리를 내리쳤다. 사라져. 없어져. 이만큼 살았으면 인제 그만 살아도 괜찮지 않아? 머리에서 흘러나온 피가 자신을 닮은 여자의 얼굴 위로 쏟아져 내렸다. 화병에 맞아 피를 흘리던 수치스럽던 자신을 없애버렸다. 미숙은 마취된 잇 몸같이 둔해져 버린 감정 상태로 이마에서 피를 흘리는 여 자를 쳐다보았다. 그런 순간에도 평온하기 그지없는 얼굴 을 하고 있는 미숙의 모습에 놀란 여자가 눈을 크게 뜨고 소리도 내지 못했다. 여자는 죽는 연기를 하는 배우 같은 몸짓으로 쓰러지더니 손을 위로 들어 올렸다가 떨어뜨렸 다. 그때 미숙은 창문으로 찾아온 그 존재와 눈이 마주쳤 다. 여전히 살아있는 그 존재의 눈에 물기가 촉촉했다. 저 존재가 나타났다는 것은 꿈속이라는 이야기다. 그녀는 자 신이 꿈을 꾸고 있다는 것을 자각하면서 꿈속을 둘러보았 다. 순식간에 지나가 버린 자신의 인생, 닫힌 아들의 방문, 남편의 외도와 냉기 도는 거실, 억눌려 있는 자신의 불행 한 감정, 수치스럽고 비참했던 마음, 간절한 기도와 애써야 했던 현실, 그리고 쪼그린 채 웅크리고 있는 자신이 꿈속 에서 버둥대고 있었다.

  '그래, 맞아! 나는 삶을 살아가는 꿈을 꾼 거야. 나는 인 생이라는 무대에서 처절한 삶을 연기한 열정적인 배우였 어. 분장을 지우고 무대를 내려오는 순간, 연기자가 아닌 진정한 나로 돌아가는 거야. 몸과 마음에 힘을 빼도 돼. 걱정하지 마. 너무 애쓰지 않아도 괜찮아. 꿈에서 깨는 순간 모든 슬픔과 아픔과 두려움이 사라질 거야. 나는 아주 힘든 삶이라는 꿈을 꾼 것뿐이야.'

미숙은 꿈에서 깨어나기 위해 창문에 붙어 있는 존재에게 넌지시 신호를 보냈다. 그때, 계단을 올라오고 있는 인부들의 두런거리는 말소리가 점점 크게 들려오기 시작했다.

꼬리지느러미

*

　이삿짐을 거의 다 내렸을 때다. 전화가 왔다. 친구는 내 안부를 묻기도 전에 여자의 자살 소식부터 전해주었다. 나는 수화기를 들고 한참 동안 움직이지 못했다. 다시는 안 보겠다고 마음먹은 것과는 달리 그녀의 죽음이 충격으로 다가온 모양이었다. 야, 괜찮니? 친구의 목소리가 수화기 너머에서 작게 들렸다. 오래전에 여자는 신의 가면을 쓰고 내 앞에 나타났었다. 내가 그곳을 떠난 후에 여자의 삶을 추측해 보았다. 그녀는 여전히 신의 가면을 쓰고 있었으리라. 그러다가 따르던 추종자들과 마찰이 일어났을 것이고, 그로 인해 자신의 불완전을 인정할 수밖에 없었을 것이다.

인생의 마지막을 스스로 결정함으로써 벗겨지려는 가면을 끝까지 움켜쥔 모양이었다. 그것이 신으로 살았던 여자의 마지막 자존심이었을지도 모른다.

여자와 함께 살던 때가 생각났다. 인터폰으로 호출하면 당연한 듯 십 층으로 올라가 복종하고 살았으니 함께 살았다고 해도 무방할 것이다. 친구는 그녀가 사이비 교주 같다고 했다.

"사이비면 돈 뜯는 게 목적이야. 그 여자도 그런 것 아니니?"

그 말에 나는 가슴이 뜨끔했다. 이혼 후 받은 위자료 삼분의 이가 이미 그녀에게 들어갔기 때문이었다. 가만히 생각해 보면 나는 친구가 말하기 전에 그녀가 사이비 교주라는 사실을 알고 있었던 것 같기도 하다. 다만 의심이 드는 마음을 들여다볼 생각을 하지 않았다. 왜냐하면 그녀가 구멍 난 내 마음을 메워주고 있었으니까. 친구의 계속된 만류에도 나는 그녀를 떠나지 않았다. 오히려 여자의 통제 속으로 들어갔다. 그 속에 있으면 안정감을 느꼈고 상처가 가득했던 어린 시절을 되돌아볼 용기가 생겼다.

내가 보육원에 들어온 것은 세 살 무렵이라고 했다. 이름도 생일도 없이 버려진 아이였단다. 이미지. 내 이름을 듣고 사람들은 성이 '이'라고 생각한다. 하지만 아니다. 이미지는 그냥 이름일 뿐이다. 너를 처음 봤을 때 눈동자가 너무 예뻤지. 새로 온 아이 하면 가장 먼저 눈동자가 이미지로 그려졌지. 그래서 네 이름이 이미지가 되었단다. 보육원 원장님으로부터 그 이야기를 들었을 때, 개가 된 기분이었다. 흰둥이나 까미 같이 보이는 대로 이름 붙여진.

나는 보육원 선생님을 엄마로 알고 자랐다. 여섯 살 때였다. 갑자기 엄마가 보이지 않았다. 그때 한 달 가까이 엄마를 찾아달라고 울며불며 원장님을 괴롭혔다고 했다. 지금 생각해 보면 세 살 때 버려졌던 기억이 무의식에 남아 있어 다시 버림받을까 봐 그 두려움에 발버둥 친 것 같기도 하다. 다른 엄마가 생겼다가 사라지고 또다시 엄마가 나타났다. 하지만 그 이후에는 어렴풋이 뭔가를 깨달았는지 다시는 엄마를 찾지 않았다.

가장 충격적인 일은 초등학교 입학식 때 일어났다. 나와 다르게 사는 아이들이 있음을 알아버린 것이다. 엄마, 아빠의 손을 잡은 아이들의 낯선 웃음을 보았다. 그 순간 가슴으로 뭔가 지나갔다. 나중에야 그것이 마음을 가르는 결핍의 칼날이었다는 걸 깨달았다. 나는 상처를 입었고 꽤 깊게 찔린 모양이었다. 아물지 못한 상처는 스치기만 해도 아팠다. 일상이 되어버린 통증이었다. 상상 속에 엄마 아빠를 만들었다. 아이들이 고아라고 괴롭힐 때마다 그들을 불렀다. 하지만 그들은 끝내 나타나지 않았고 나는 허공을 안았을 뿐이었다. 사랑의 결핍은 생각의 긴 꼬리를 만들었다. 인간은 선택한 적도 없는데 왜 태어나야만 하는가? 우울한 감정은 왜 생기는 거지? 공간을 떠돌고 있는 여러 감정은 도대체 무엇인가? 왜 사는 걸까? 나의 학창 시절은 이런 혼란한 생각들로 가득 차 있었다. 그러나 나의 고민을 털어놓을 곳은 아무 데도 없었다.

열여덟 살에, 보육원에서 나왔다. 그 나이에 혼자 살아야 하는 막막함을 아는 사람은 많지 않을 것이다. 결혼을 기댈 언덕이라고 생각했다. 그러나 나는 아이가 태어나도 엄마가 되지 못했다. 사랑받은 적이 없었으므로 사랑하는 방법을 몰랐던 것이었다. 결국 이혼을 했다. 내가 남편과 아이를 버리고(어쩌면 버림받고) 광야에 섰을 때, 그녀가 엘리베이터에서 말을 걸어왔다.

"1004호예요. 놀러 오세요."

나는 뭔가에 이끌린 듯 십 층으로 올라갔다. 그때는 알지 못했다. 그 집에 발을 들여놓는 순간이 그녀가 만들어

둔 B급 종교에 들어가고 있다는 것을. A급으로 살아야 하는 사람이 있는가 하면 B급에 만족해야 하는 인생도 있다. 나는 명품보다 가짜가 훨씬 편하다. B급 삶이 주는 안정감을 이야기하면 명품으로 사는 이들은 의아해할 것이다. 그러나 그런 종류의 삶을 원하는 사람도 있다. 나 같은 유가 거기에 속한다고 할 수 있다. 삼 층보다 전망이 좋은 그녀의 집에 들어서자 거실에 빛이 가득했다. 여자가 온화한 얼굴로 나를 맞았다. 그곳에는 열 명 정도 되는 사람들이 낮은 탁자를 가운데 두고 빙 둘러앉아 있었다. 나는 그들 사이에 앉아서 여자의 이야기를 들었다. 그러자 신기하게도 그곳이 바늘구멍 하나 없는 콘크리트로 만들어진 직육면체 공간으로 변하는 게 아닌가. 오로지 여자를 통해야만 숨을 쉴 수 있는 공간이었다. 그곳은 마음이 아픈 자들이 숨기에 가장 적합해 보였다. 나는 그곳에 머물기 시작했다.

　-마음의 상처를 치유하기 위해서는 감사하고 사랑해야 합니다. 나를 힘들게 한 자들을 용서하세요. 넓은 마음으로 세상을 바라보세요.-

　그녀는 사랑을 이야기했다. 그 이야기를 듣고 있으면 마음의 상처가 치유되는 것 같았다. 그러나 설교와는 달리 엄격한 그녀만의 율법이 있었다. 현재의 삶은 사후를 위한 것이고 신과 누리게 될 영원한 사랑은 율법을 지키는 자만이 가질 수 있다고 했다. 그것이 어떤 내용이었는지는 오래전 일이라 가물거린다. 기억나는 것은 그녀가 설교를 시작하면 말투 때문인지 아니면 완벽한 B급 교리 때문인지 나는 늘 죄인이 된 기분이었다. 또 한 가지 이상한 것은 그녀가 돈을 강요하지 않았는데도 불구하고 자꾸 돈을 많이 내야 한다는 강박에 시달리는 것이었다. 그녀는 돈을 낼 때마다 신으로부터 받았다는 예언을 들려주었다. 예언은 늘 중간이었다. 복종과 자유의 중간, 구원과 버림받음의 중간, 죄와 용서의 중간, 은혜와 저주의 중간. 선택은 자유의지를 가진 각자의 몫이라고 했지만, 그것이 그녀의 교리와 일치할 때야 비로소 인정받을 수 있었다. 지금 생각해 보면, 그녀의 교리는 항상 맞을 수밖에 없었다. 인간의 삶은 이분되어 있어서 언제나 이것 아니면 저것이지 않은가. 웃음 뒤에 눈물이 있고, 행복 뒤에 불행이 있다. 여자는 두 개의 반대 개념을 하나의 묶음으로 만들어 두고, 헌금이 많으면 축복인 쪽을 적은 돈을 내면 저주에 가까운 예언을 말했다. 여자가 온전한 행복에 관해 말한 적은 없었다. 나는 그녀의 예언을 들을 때마다 평안을 얻기 위해 몸부림쳤다. 하지만 아무리 애써도 원하는 경지의 자유와 은

혜와 구원에 도달하는 것은 힘들었다. 불완전한 인간이 완전을 추구하는 모순은 불가능의 쳇바퀴를 끝없이 돌고 있는 거나 다름없었다.

그 당시 나는 인터넷 쇼핑몰을 운영하고 있었다. 세 들어 있는 상가의 건물주가 호감을 보였다. 그와 하룻밤을 보내고 집에 들어가지 않는 날이었다. 그녀가 나를 찾은 모양이었다. 집에 들어가니 인터폰이 울렸다. 올라오라는 호출이었다.

십 층으로 올라가서 벨을 눌렀다. 그녀의 추종자 중 한 명이 문을 열어주었다. 반쯤 열린 문틈으로 마른 풀잎을 태운 듯한 냄새가 사람보다 먼저 나왔다. 마음을 풀어주기도 하고 반대로 긴장하게도 하는 냄새였다. 거실에 들어서자, 그녀를 따르는 무리가 낮은 테이블 주위에 옹기종기 앉아 있었다. 고개를 빼고 나를 쳐다보는 그들은 긴장한 미어캣 무리 같았다.

여자는 화난 얼굴이었다. 내가 남자를 만난 것이 감정을 건드린 모양이었다. 그녀는 남자를 극도로 싫어했다. 정확한 이유를 알 수 없으나 추측건대 남자에게 받은 상처가 있지 않았을까 싶다. 그러고 보니 그녀의 추종자들 대부분이 여자였고 마음에 상처가 있거나 이혼한 사람이었다. 나는 그것을 이상하게 여긴 적이 없었다는 것을 깨달았다. 여자는 죄사함을 위해 기도해야 한다고 말했다. 나는 무릎을 꿇었다. 여자가 내 머리에 손을 얹고 기도를 시작했다.

"자매님의 죄를 용서해 주시고 앞으로 더 이상 죄를 짓지 않게 도와주세요."

기도가 길어졌다.

"언제나 인간을 공평하게 사랑해 주시는 신께 감사드립니다."

"풉."

그 순간 나도 모르게 웃음이 새어 나왔다. 웃음 때문인지 기도소리가 잠깐 멎었다. 여자가 다시 기도를 시작하자, 멈출 수 없는 웃음이 터져나왔다.

"푸하하…"

나는 계속 웃었고, 그녀의 기도 소리는 점점 커졌다. 손가락으로 그녀를(정확하게 말하면 그녀의 기도를) 가리키며 웃음을 그치지 못하고 눈물을 찔끔거렸다.

"신이 인간을 모두 공평하게 사랑한대요. 하하하."

나는 그때 마음 무덤에 묻어 둔 상처를 그녀에게 보여주지 않았다. 예를 들면 세 살에 혼자된 내 인생의 출발선이나, 열여덟 살에 살아남기 위해 뛰어들어야 했던 현실이나 결핍을 견디지 못하고 이혼하지 않을 수 없었던 아픔 같은 것을. 배를 잡고 웃다가 겨우 웃음을 멈추고 고개를 들었다. 그녀의 추종자들이 모두 놀란 눈으로 쳐다보고 있었다. 그들은 얼굴에 두려움이 가득했다. 내가 악마에 사로잡혀 있다고 생각하는 듯했다. 여자에게 추방되어 거실을 걸어 나올 때, 미어캣 무리가 머리를 점점 빼고 있는 게 보였다. 그들은 모두 머리 위에 말풍선처럼 생긴 각자의 신을 하나씩 달고 있었다. 신이 인간보다 작아져서 그들의 머리 위에서 달랑거리고 있었다.

-당신은 하늘의 일을 하세요. 이제부터 땅의 일은 내가 알아서 하겠습니다.-

나는 단호하게 신을 향해 말했다. B급 종교 생활은 그렇게 허무하게 끝이 났다. 그녀를 통해 신과 연결되려고 했던 나는 신의 영역으로 들어가지 못했다. 다시는 그녀를 안 보겠다고 마음먹었다. 그때 나는 나무 한 그루 없는 넓은 벌판에서 독수리를 피해야 하는 초식동물이 되어 광야에 선 느낌이었다. 멍하게 서 있을 바에야 어디로든 떠나 보기로 했다. 호주를 택한 것은 특별한 이유가 있었던 것은 아니었다. 단지 유학원을 찾았을 때 그렇게 권했기 때문이었다. 생활비를 벌기 위해 네일아트를 배우라는 조언도 해 주었다. 나는 그렇게 했고 살던 아파트와 하던 사업을 친구에게 맡겼다. 모든 일이 순조롭게 진행되어 생각했던 것보다 빨리 호주를 향한 비행기에 몸을 실을 수 있었다.

**

유학원에서 알아봐 준 숙소는 시드니 시내 외곽에 있었다. 마음이 복잡하고 힘들었던 나는 몸을 많이 움직여서 모든 것을 잊으려고 했다. 덕분에 숙소에서 멀리 떨어져 있는 어학원으로 오가게 된 일에 대해 감사했다. 일 년 동안 대학에서 운영하는 어학원을 다니며 영어를 배운 후 디자인 관련 컬리지에 입학했다. 학교에 다니면서 아르바이트할 수 있는 곳을 찾다가 운 좋게 시내에 있는 유명한 네일 샵에 취직할 수 있었다. 다행히 손님들은 내가 해 준 네일아트를 마음에 들어 했다. 덕분에 나를 찾는 사람들이 많아졌다.

타일러를 만나기 시작한 것은 그즈음이었다. 그는 나와 같은 나이였고, 키가 크고 마른 몸에 수염을 기르지 않아 스물여섯인데도 십 대처럼 보이는 말간 얼굴을 하고 있었다. 뒷모습을 보면 긴 머리카락 때문인지 호리호리한 여자처럼 보였다. 나는 그를 어디선가 본 듯하다고 생각했다. 한참을 생각해 결국 알아냈다. 아! 보육원에 오시던 신부님, 그분과 닮았어. 신부님의 맑고 슬퍼 보이던 눈과 진짜 너무 닮았어. 아이러니하게도 신부님은 키가 작고 통통한 한국 사람이었다. 더군다나 신부님의 눈동자는 검은색이었고 타일러는 파란색이었다. 신부님의 맑은 눈을 보며 세상과 섞이지 못할 만큼 깨끗한 사람의 마음은 어떤 걸까? 하고 생각했던 적이 있었다. 타일러의 눈을 보며 나는 잠깐 그런 생각을 했다. 그는 세상과 화합하지 못한 이들의 아픔을 가지고 있는 것처럼 보였다. 그의 아픔이 나를 끌어당긴 걸까. 타일러와 나는 금방 친구가 되었다.

우리는 시내에서 만나 영화를 보기도 하고 맥주를 마시기도 했다.

어느 날 시끄러운 바에서 맥주를 마시다가 타일러가 내 눈을 보며 진지하게 무슨 말을 했다. 그가 하는 말이 들리지 않았다.

"뭐라고? 안 들려. 다시 말해 봐."

내가 큰 목소리로 말하자, 그가 내 쪽으로 몸을 숙였다.

"내 방으로 이사 오라고. 음… 내가… 너를 사랑하는 것 같아."

내 귀에 입술을 바짝 들이대고 큰 소리로 말했다. 그의
말을 듣고 머리끝에서 발끝으로 지나가는 찌릿한 느낌 때
문에 잠깐 몸서리를 쳤다.

"정말?"

내 물음에 그가 고개를 끄덕였다. 나는 그의 제안을 받
아들인다는 뜻으로 가볍게 키스했다.

타일러와 나는 함께 살기로 결정을 내린 후 곧 올리비아
를 찾아갔다. 우리는 그 소식을 전했다. 기뻐할 줄 알았던
그녀가 팔짱을 낀 채 심각한 얼굴로 소파에 앉아 있었다.
나는 그런 모습이 의아했다. 사실 타일러와 만남을 그녀가
주선한 거나 다름없었기 때문이었다.

올리비아와 처음 만난 곳은 내가 아르바이트를 하던 네
일숍에서였다. 그녀는 나에게 손을 맡기고 자신을 변호사
라고 소개했다. 그녀는 수다스럽다는 생각이 들 정도로 말
이 많았고, 지나치다고 생각할 만큼 많이 웃었다. 지나치
다는 것은 자연스럽지 않다는 뜻이다. 감춰야 할 마음이나
두려움 혹은 상처가 있는 사람들은 그것을 숨기기 위해 과
장된 웃음을 웃는다는 것을 나는 알고 있었다. 그런 그녀
의 모습이 나인 것 같다는 생각이 들었다. 내가 손톱을 만

지는 동안 그녀는 자신의 이야기를 했다. 이혼했다는 것과 내 또래의 아들이 있다는 것과 아직 재혼하지 않고 있다는 이야기도 했다. 그 이유가 어쩌면 전 남편 때문인 것 같다고 했다.

"도로시."

올리비아는 나를 그렇게 불렀다.

"남편이 스무 살 어린 흑인 여자랑 함께 살아. 그것도 건너편 집에 살고 있어."

"그렇게 가까이요? 이사하고 싶지 않아요?"

"그런 생각을 하기도 했지. 하지만 나는 아직 그에게 미련이 있나 봐."

"미련요?"

"그는 내가 가장 힘들 때 옆에 있어 준 사람이야. 그래서인지 마음이 변했는데도 그를 원망할 수가 없어. 나는 아직도 내 마음을 모르겠어."

그녀가 힘들 때 옆에 있어 준 사람을 이야기할 때 나는 십 층 여자를 떠올렸다.

손톱 만지던 것을 잠깐 멈추고 이야기하는 올리비아의 얼굴을 바라보았다. 웃음을 머금고 이야기하는 그녀가 아름답다고 생각했다. 눈가에 있는 자연스러운 주름은 중년 여인을 더 우아하게 보이도록 해 주었다. 그녀의 말을 진지하게 들어준 것이 위로가 되었는지 가끔 전화해서 자신의 힘든 이야기를 했다. 우리는 친구처럼 지냈다.

어느 날 그녀가 나를 자기 집으로 초대했다. 한가한 주말 오후, 나는 꽃다발을 들고 그녀의 집을 찾아갔다. 벨을 누르자 올리비아가 문을 열고 나왔다. 흰색에 잔잔한 꽃무늬가 있는 원피스를 입은 모습이었다.

"어서 와, 도로시."

"올리비아, 그렇게 입고 있으니 다른 사람 같아요. 슈트를 입은 것만 봤는데 완전히 달라 보이네요."

그녀는 환하게 웃으며 빙그르르 한 바퀴 돌고 나서 나를 안았다. 그 옆에 키가 크고 마른 남자가 서 있었다.

"이쪽은 내 아들 타일러. 얘는 도로시야. 인사들 해."

우리는 가볍게 악수했다. 나는 가지고 간 꽃다발을 내밀었다. 그녀가 꽃을 받아 들고 향기를 맡으며 아! 예뻐. 라고 말했다. 그 모습이 과장되어 보이지 않아 진심으로 환영받는 기분이었다. 우리는 아담하게 꾸며진 정원을 지나 집 안으로 들어갔다.

"타일러, 네가 도로시에게 집 좀 구경시켜 줄래? 그동안 나는 식사 준비할게."

올리비아가 주방으로 들어가며 말했다. 그가 나를 거실
로 안내했다.

"거실이 참 예쁘네요."

거실을 둘러보며 주방에 있는 올리비아를 향해 큰 소리
로 이야기했다.

"고마워. 천천히 구경해. 타일러! 도로시에게 이층도 구
경시켜 주렴."

올리비아의 목소리가 멀리서 왔다 갔다 하고 있었다. 거
실에는 고풍스러운 가구들이 반질반질하게 닦여 있었다.
벽난로 옆에 놓인 액자를 보았다. 어린 시절의 타일러가
웃는 얼굴로 앉아 있었다. 청소년 시절에는 제법 진지하게
서 있었고 그와 꼭 닮은 남자와 함께 찍은 사진도 있었다.
그에게 아빠냐고 묻지는 않았지만 두 사람이 닮은 것으로
보아 사진 속의 남자가 타일러의 아빠일 거로 추측했다.

"위층에 갈래?"

"응, 그래도 되면."

타일러를 따라 계단을 올라가다가 벽에 걸려 있는 그림
을 보았다. 수많은 선이 겹쳐 있었다. 어떻게 보면 동물 같
기도 하고 어떻게 보면 기하학적인 무늬처럼 보이기도 하
는 작품이었다. 잠깐 멈추고 그것을 보고 있다가 타일러가

재촉하는 목소리를 듣고 이층으로 올라갔다.

"계단에 있는 그림말이야."

"아, 그거. 내가 고등학교 때 그린 그림이야. 엄마가 좋아해서 걸어둔 거야."

내 이야기가 끝나기도 전에 타일러가 별거 아니라는 듯이 빠르게 말했다.

"그래? 나도 마음에 들어. 그림 잘 그리나 봐?"

그가 대답하지 않아서 머쓱해졌다. 나는 어깨를 한 번 들썩이고는 거실을 둘러보았다. 벽면은 짙은 바다색 페인트가 칠해져 있었고, 바닥은 회색빛이 도는 대리석이 깔려 있었다. 창 쪽에 두 사람이 앉을 수 있는 소파와 테이블과 커다란 나무가 담긴 화분 하나가 있었다. 전체적으로 어두운 색감의 거실은 물건이 없어서인지 휑한 느낌이 들었다. 정면 유리창으로 수평선이 보였다. 나는 저기 보이는 게 바다가 맞는지 물었다. 대답 대신 그는 거실 창을 한쪽으로 밀어젖혔다. 그러자 거실과 발코니 공간이 하나로 연결되었다. 발코니로 나가서 멀리 보니 오페라 하우스가 조그맣게 보였다. 우리는 바닷바람이 불어오는 난간에서 잠시 같은 방향을 바라보며 서 있었다. 하지만 그가 바라보는 곳과 내가 바라보는 곳이 같은지는 알 수 없었다.

그가 거실 끝으로 가더니 이쪽은 침실이고 저쪽은 작업실이라며 손으로 방향을 가리키며 이야기했다. 구경해도 되냐고 물었다. 얼마든지 괜찮다는 말에 오른쪽으로 갔다. 거기에는 문이 세 개 있었다.

"여기는 화장실이고, 이쪽은 전시실. 여기는 작업공간이야."

각각의 문을 가리키며 도슨트처럼 열심히 설명하는 그의 모습에 피식 웃음이 나왔다. 작업실이라고 말한 방문을 열었다. 방으로 들어가니 한쪽에 큰 창문 너머로 도시의 지붕들이 보였고 그 사이로 띄엄띄엄 바다가 보였다. 창이 없는 쪽 벽에는 나무로 된 보드 판이 정리되어 있었다. 방 가운데는 그림을 그리다 만 나무 보드가 작업대 위에 얹혀 있었다. 물감이나 다른 미술도구들이 담긴 바퀴 달린 이동식 선반이 얼룩덜룩하게 물감이 묻은 채로 작업대 옆에 있었다. 그것은 아무렇게나 밀쳐져 있는 느낌이었다. 코너에 있는 작은 탁자 위에 작업실과 어울리지 않는 낡은 천 인형 얹혀있었다.

"이건…"

인형을 만지려고 하자 그가 만지지 말라고 하며 예민하게 반응했다. 아무렇지 않은 척했지만, 그의 과한 행동으로

144

보아 어쩌면 어린 시절 인형과 관련해서 그의 마음에 큰 상처가 있을지도 모른다고 생각했다. 작업대로 눈길을 돌렸다. 그림을 보려고 가까이 다가가자 타일러가 미완은 보는 게 아니라고 말하면서 나를 막아서고는 밀다시피 밖으로 데리고 나갔다. 그러고는 얼른 다른 방문을 열었다. 아까와는 사뭇 다른 분위기의 방이었다. 천장에 설치되어 있는 빛이 차분하게 느껴졌다. 하얀 벽면을 따라 받침대가 있었고 그 위에 서프보드가 미술 작품처럼 전시되어 있었다. 그중 세 개는 천장에서 피아노 줄을 내려 매달아 설치해 두었다. 구도 때문인지 아니면 공간이 넓어서인지 미술관에 온 느낌이었다. 그의 작품은 개성이 넘쳤고 어디에서도 본 적이 없는 것이었다. 나는 서프보드에 칠해진 강렬한 색감의 그림들이 그의 마른 몸과 왠지 어울리지 않는다는 생각이 들었다. 이게 모두 그의 작품인지 물었다.

"그렇지. 그림을 그리는 게 내 일이야. 그러니까 전부 내가 그린 거지."

"일이라고?"

"응, 일. 여긴 내 직장이야. 나무로 만들어진 서프보드에 그림을 그리는 것, 그게 내 일이야. 다행히 나는 이 일에 아주 만족하고 있어."

많은 그림 중에 서프보드를 가득 채우고 있는 검은 꼬리지느러미가 그려진 그림이 가장 마음에 들었다. 그것은 마치 살아 움직이는 것 같았다. 내가 그것을 계속 주시하고 있는 것을 본 타일러가 말했다.

"사람들은 저것이 돌고래의 꼬리지느러미인 줄 알고 있어. 그런데 저건 범고래 꼬리지느러미야."

"범고래?"

"응, 범고래. 그런데 말이야. 너의 꼬리지느러미는 온전하니?"

"뭐라고?"

"나는 말이야, 가끔 내 꼬리지느러미를 잃어버린 기분이 들 때가 있거든."

그를 쳐다보았다.

"어쩌면 나는 꼬리지느러미를 잃어버린 범고래일지도 몰라."

타일러의 진지한 눈빛을 보며 나는 아무 말도 하지 않았다. 그때 문득 고등학교 시절 나에게 던졌던 화두를 생각했다. 나는 누구이고 육체가 나인가? 그 물음표들은 여전히 느낌표를 찾지 못하고 있었다.

아래층에서 올리비아가 부르는 소리가 들렸다.

우리는 주방으로 내려갔다. 거실과 달리 하얀색으로 꾸며진 주방은 밝았다. 주방과 식탁을 놓아둔 공간이 분리되어 있었다. 올리비아가 차려놓은 저녁 식탁 위로 햇빛이 길게 들어와 있었다. 식탁에는 갓 구워낸 미트파이가 수북이 담긴 접시와 샐러드가 담긴 커다란 쟁반이 놓여 있었다. 그 옆에 굴라시가 담긴 냄비가 있었다. 와인병과 물병 사이에는 내가 들고 온 꽃이 꽂혀 있었다. 나는 식탁에 차려진 음식을 보며, 맛있겠다.라고 하지 않고 예뻐요! 라고 말했다. 먹기 위해 차려진 것이 아니라 대화를 위해 차려진 음식 같았다. 나는 식탁 의자에 앉으며 긴장했던 어깨에 힘이 풀리는 것을 느꼈다. 살아내기 위해 나도 모르게 몸에 힘을 잔뜩 주고 있었는데 신기하게도 그녀가 차린 식탁을 보고 긴장이 풀리는 것 같았다. 그날 우리는 아주 오랫동안 이야기를 나누었다. 마음이 불렀다. 그날 이후 타일러와 나는 친구로 지내기 시작했다.

심각한 얼굴로 우리를 바라보던 올리비아가 마지못해 동거를 허락했다. 며칠 후 그의 공간인 이층으로 이사를 했다. 창밖에는 시드니의 야경이 펼쳐져 있었다. 나는 발코니에서 그것을 바라보았다.

"동양 여자치고 너는 너무 예뻐."

타일러가 뒤에서 앉으며 말했다.

"너는 서양 남자치고는 치즈 냄새가 안 나."

내 말에 타일러가 큰 소리로 웃었다. 그가 내 긴 머리카락을 넘기며 목에 입을 맞추었다. 나는 돌아서서 그의 입술을 찾았다. 우리는 침대로 갔다. 그의 손은 아주 부드러웠다. 마른 몸의 사람들이 가지는 섬세함으로 그가 애무해 주었을 때 그의 손길이 닿는 모든 곳에 사랑이 피어올랐다. 방 안이 사랑으로 가득 찼다. 사랑으로 만들어진 세상에서는 마음도 육체도 활짝 열렸다.

신이 인간에게 주려고 했던 것. -그것 같았다.

타일러와 함께 한 날들은 나를 무방비 상태로 만들었다. 행복한 동화책 속에서 사는 기분이었다. 힘들었던 과거는 모두 지나갔다고 믿었다. 내가 꼬리지느러미가 그려진 작품을 유난히 좋아하는 것을 보고 타일러는 시간이 날 때마다 나를 위해 꼬리지느러미를 그렸다. 나는 타일러가 꼬리지느러미에 색을 입히는 것을 지켜보았다.

"검게 보이니?"

"응."

"마음으로 봐. 그러면 다른 색이 보일 거야."

"응?"

"범고래는 검은색이 아니야. 자세히 봐야 해. 무지개가 숨어있는 것을 보려면…"

타일러는 짙은 파란색에 검은색을 섞어 검은색을 만들거나 초록색에 검정을 섞은 다음 다시 검은색을 섞어 검은색을 만들었다. 노랑에다 검은색을 섞고 거기다 주황과 검은색을 섞은 다음 검은색을 더 넣기도 했다. 마찬가지로 빨강에 검은색을 넣어 검은색을 만드는 걸 보여주었다. 범고래의 검은 꼬리지느러미에는 많은 색이 들어있었다. 그의 말대로 무지개를 품은 검은색이었다.

"나는 가끔 범고래가 되곤 해. 잘 봐. 나는 범고래야."

"에이, 그게 무슨 소리야?"

그가 계속 말했다.

"그런데 말이야, 네 꼬리지느러미는 어때?"

"응?"

"나는 말이야, 가끔 내 꼬리지느러미가 사라진 기분이 들어."

처음 만난 날, 그는 같은 이야기를 했었다. 그의 마음에 있는 결핍이나 아픔을 그는 이렇게 표현한 것이리라. 나는 그 말을 들으며 같이 아파하기보다는 엉뚱하게도 그의 파란 눈이 아름답다고 생각했다. 그의 맑은 눈 때문이었을까.
사랑을 색으로 표현한다면 투명한 하늘색이나 아주 연한
노란색일지도 모른다고 생각했다. 그가 내게는 사랑이었
다. 아름다움이 지나치면 아픔이 되는 모양이었다.

감당하기 힘든 감정 때문에 눈물이 고였다. -하늘빛.

그때는 투명하고 밝은색 안에 어두운색이 숨어있음을
알지 못했다.

"나 사랑하는 사람이 생겼어. 미안해."

졸업하고 취직한 지 얼마 되지 않아 그가 통보했다. 타
일러에게 통보는 최선의 선택이었으리라. 나를 생각한답
시고 자신이 다른 사람을 사랑하는 것 같은데 사랑해야 할
지 말아야 할지를 의논조로 이야기한다면 그것이야말로
우스운 일이 아닌가. 나는 그를 이해했지만, 인간의 모든
일이 유한이라는 사실을 잊고 있을 때였으므로 허가 찔린
느낌이 드는 것은 어쩔 수 없었다. 폭풍같이 다가온 예상
치 못한 그 일을 어떻게 표현해야 좋을지 모르겠다. 분명
한 것은 뭔가가 다시 상처 난 가슴을 슥 그으며 지나갔다
는 사실이다.

'맞아, 너는 너였지. 이제 나는 내가 될 거야.'

나는 마음속으로 그에게 통보했다. 타일러를 통해 인간

속으로 들어가려고 했던 나는 인간과의 연결이 끊기는 것을 느꼈다. 한국으로 오기 전 오페라 하우스 근처에서 타일러와 그의 연인을 보았다. 그는 수염이 덥수룩한 남자와 손깍지를 끼고 바다를 바라보고 있었다. 그들은 사랑의 감정을 숨길 수 없었는지 내 앞에서 열정적으로 키스를 했다. 타일러는 나를 보지 못했다. 아니 그는 아무도 보고 있지 않았다. 어쩌면 그때 그의 세상에는 오직 두 사람만이 존재하고 있었을지도 모른다.

"도로시, 이게 내가 걱정했던 부분이야."

올리비아가 말했다.

"그냥 여기 있어. 너는 여기에서 거의 자리를 잡았잖아. 타일러와 상관없이 너는 내 친구야."

올리비아가 내 손을 잡았다. 나는 힘없이 미소를 지어 보이며 아무 말도 하지 않았다.

그녀의 말대로 올리비아와 나는 여전히 친구이다. 내가 가끔 그림을 SNS에 올리면 어김없이 댓글로 등장했다. 우리는 불문율처럼 타일러에 관해서는 이야기하지 않았다. 그녀가 나의 물건을 모두 보내주었다. 거기에는 타일러가 나를 위해 만들었던 서프보드 열세 개도 함께 들어있었다. 호주에서 한국으로 돌아오면서 숨을 곳이 필요하다고 생각했다. 나는 바늘구멍 하나 없는 직육면체 콘크리트 집을 떠올렸다. 애써 아닌 척했지만, 그녀의 굴레가 다시 필요했을지도 모른다. 신과도 연결되지 못하고 인간과도 연결되지 못한 나는 다시 혼자가 되었다. 아무도 없다. 이 세상에 오롯이 나만 남았다. 다시 광야였다.

연고도 없는 통영으로 이사를 온 이유는 도시와 바다가 한눈에 들어오기 때문이었다. 시드니의 풍경이라고는 전혀 없는 이곳이 이상하리만큼 그곳과 닮았다는 느낌이 들었다. 타일러가 있어야 완성되는 풍경에 그가 빠져 있었다.

한적한 이곳에서 혼자 살면 평화로울 거라고 예상했던 생각은 빗나갔다. 여전히 우울했고, 두려웠고, 해결하지 못한 감정이 가득했다. 심지어 어린 시절의 내가 스멀스멀 기어 나오기까지 했다. 나는 육체를 조종하고 있는 알 수 없는 어떤 것에 시달리고 있었다. 그것은 바깥에서 들려오는 소리보다 훨씬 크게 내면에서 울리고 있었다. 해 질 무렵이면 날마다 바닷가를 걸었다. 시선 끝에는 늘 선 하나로 하늘과 바다를 가르고 있는 극강의 침묵 같은 수평선이 있었다. 그것은 노을의 화려한 색에도 기가 죽지 않았다. 나는 끝없는 것을 바라보고 있었다. 끝없는, 끝없는… 어둠이 내리고 있었다. 그때였다. 갑자기 바닷물이 솟구쳤다.

검은 형체 하나가 어둠을 뚫고 다가왔다. 범고래였다. 정확하게 표현하자면 꼬리지느러미를 잃은 범고래의 몸통이었다. 내 꼬리지느러미를 찾아줘. 나는 놀란 눈으로 그를 바라보았다. 아팠니? 아팠지. 몹시 아플 거야. 나에게 말하듯 그에게 말했다. 간절한 눈빛. 나는 저 간절함을 안다. 기다려. 잠깐만 기다려 줘. 집으로 돌아와 벽면에 세워진 꼬리지느러미들을 보았다. 그것들을 하나씩 바닥에 나란히 놓았다. 예배를 준비하는 신부처럼 경건하게 무릎을 꿇었다. 톱질을 시작하자 영원 전부터 영원 후까지의 시간이 회오리처럼 돌기 시작했다. 시공간이 사라졌다. 삶이 끝없이 영속되고 있었다. 윤회하고 있는지 아니면 직선을 뻗어가고 있는지 알 수 없는 무한의 삶에 나는 찰나로 존재하고 있었다. 먼지가 공간을 떠돌았다. 햇살이 창으로 들어와 사선으로 길게 먼지를 끌었다. 곧 사라질 허공의 먼지에서 영원의 가치를 찾으려고 했던 지난날이 울렁거렸다. 나는 꼬리지느러미를 모두 잘라냈다. 그것을 들고 밖으로 나왔다. 수천 년 전의 밤이었다. 어쩌면 수천 년 후의 밤일지도 모른다.

보름달이 희뿌옇게 밤을 밝히고 있었다. 파도가 찰랑거리는 바닷가에서 섰다. 범고래 몸통이 쑤욱 올라왔다. 나는

손짓을 했다. 그러나 범고래는 몸을 돌려 바다를 향해 헤
엄쳐 갔다. 나는 범고래를 따라 바다로 들어갔다. 물이 점
점 깊어졌다. 범고래는 더 깊은 바닷속으로 헤엄쳐 들어갔
다. 바다는 깊을수록 고요해졌다. 갑자기 범고래가 사라져
보이지 않았다. 영원을 닮은 깊은 바닷속에는 무거운 침묵
이 흐르고 있었다. 뭔가 이상했다. 돌아보니 다리가 사라
지고 있었다. 나는 버둥거렸다. 들고 있던 꼬리지느러미들
이 모두 흩어졌다. 꿈인가. 의식이 잠깐 빛을 냈다. 그때 꼬
리지느러미를 잃은 한 무리의 범고래 떼가 나타났다. 그들
은 흩어지는 꼬리지느러미를 찾아 자신에게 붙였다. 되찾
은 꼬리지느러미로 완전해져 가는 범고래들을 보며 나는
사라지고 있었다. 아니, 나의 의식은 더욱 명료해지고 있었
다. 육체가 사라져 보이지 않게 되었을 때 보이는 것. 저것
일까. 어쩌면 처음부터 나는 육체가 아니었는지도 모른다.
생각과 의식에 조종당하던 육체는 껍질이었을까. 허물처
럼 남겨진 육체를 바라보며 완전한 자유를 느꼈다. 근원이
된 나는 힘차게 솟구쳐 올랐다.

루미놀

낯익은 실루엣을 보았다. 순간 나는 몸을 움찔했다. 그
바람에 손에 들고 있던 커피가 쏟아졌다. 뜨거웠지만 소리
를 내지 않았다. 옷에 묻은 커피를 닦으면서도 몸을 숙였
다. 그것은 여자에게 들키지 않으려는 본능적인 행동이었
다. 고개를 들고 다시 여자가 있던 쪽을 살폈다. 만두가게
앞에 서 있는 사람은 그 여자임이 틀림없었다. 여자는 그
때와 비슷한 모습이었다. 기름기가 흐르는 거무튀튀한 얼
굴, 짧은 단발머리, 작은 키에 넓은 어깨, 살집 있는 몸, 우
중충한 검붉은 반코트, 그리고 여전히 인생처럼 무거워 보
이는 검은 가방을 들고 있었다. 여자는 그때나 지금이나
유행과는 거리가 먼 옷차림을 하고 있었다.

여자를 발견하기 전 나는 백화점 지하 카페에서 편안하

게 커피를 즐기고 있었다. 하지만 여자를 본 순간 영점일 초도 안 되는 시간에 고요했던 마음이 사라졌다. 몸이 떨리고 머리가 쭈뼛 섰다. 그뿐 아니라 순식간에 십 년 전으로 돌아갔다. 순간이동 된 시간의 신비 앞에서 나는 잠깐 혼란스러움을 느꼈다. 인간의 생각으로는 이해하기 힘든 우주의 시간은 영원과 순간을 넘나들었다. 십 년의 시간이 몇 초 전처럼 내 앞에 다가와 있는 것을 보며, 어쩌면 시간은 흐르는 것이 아니라 펼쳐져 있을지도 모른다고 생각했다.

십 년 전, 미숙 씨는 여자가 올 거라고 말하며 흥분된 모습을 감추지 못했다. 이렇게 훌륭한 분을 만나게 된 것은 진짜 큰 축복이라고 말하며 감사를 연발했다. 그분은 병 고치는 능력이 있는 사람이라 찾는 사람이 많은데 자신의 급박한 상황을 듣고 다른 사람을 제치고 시간을 내주었단다. 그러면서 우빈이가 여자에게 기도를 받으면 반드시 나을 거라고 확신한다고 했다. 그러고는 결연한 눈빛으로 나를 보며 고개를 크게 한 번 끄덕했다. 그것은 동의를 구하는 행동일 뿐 아니라 자기 확신을 점검하는 모습 같기도 했다. 평소와 다른 그녀의 낯선 모습을 보며, 나는 무슨 말이라도 해야 할 것 같은 마음이 들었지만, 결국 할 말을 찾지 못했다. 다만 동의를 뜻하는 어색한 웃음을 지어 보이며, 나를 대신해서 누가 무슨 말이라도 해 주기를 바라며 주위를 둘러보았다. 그때 나는 미숙 씨 집 거실에 놓인 10인용 식탁 의자에 앉아 있었다. 거기에는 같은 초등학교에 아이를 보내는 또래 학부모 여덟 명이 함께 있었다. 우리는 나이가 비슷하고 같은 아파트에 사는 공통점이 있어 정기적으로 모이고 있었다. 이 모임은 미숙 씨의 제안으로 시작되었다. 처음 시작은 고전이나 인문학을 읽는 독서 모임이었으나 얼마 지나지 않아 성경 읽는 모임으로 바뀌었다. 그런데도 누구 하나 불평하지 않은 것은 미숙 씨가 우리보다 나이가 여섯 살이나 많은 까닭도 있었지만, 무엇보다도 그녀의 인품 때문이었다. 미숙 씨는 요즘에 보기 드문 사람이었다. 겸손했으며, 가진 것을 나눠주었고, 어려운 일을 당하는 이웃을 그냥 지나치는 법이 없었다. 극도의 개인주의가 생각 하나하나를 철학으로 만드는 시대에 자신보다 다른 사람을 먼저 생각하는 미숙 씨의 모습은 아주 특별해 보였다. 신의 품성을 닮아가려는 인간의 모습이랄까. 아니면 진리를 실천하고 있는 수도자의 모습이랄까. 어쨌든 그런 모습에 감동한 몇몇은 그녀를 따라 교회에 나가는 이도 있었다. 그러나 가끔 미숙 씨의 애쓰는 모습이 다른 사람을 도와야 한다는 강박에 시달리고 있는 것처럼 보일 때가 있었다. 마치 그렇게 열심히 살지 않으면 자신의 구원이 무너지기라도 한다는 듯한 태도였다. 어느 때는 이성적이며 반듯한 그녀의 오차 없는 생활 루틴을 보고 있으면 숨이 막히는 느낌이 들었다. 이렇듯 희생적이고 다른 사람을 위한 삶을 살아온 그녀의 모습을 지금 떠올려 보면, 냉철할 만큼 이성적이라는 것과 웃음기가 없는 차가운 이미지로 남아있는 것이 참으로 아이러니했다.

나는 미숙 씨가 확신에 차서 여자에 대해 말하는 것을 들으며 우빈을 보았다. 아이는 소파에 누워서 천장을 쳐다보고 있었다. 핏기없는 하얀 얼굴에 노란 빛을 띠고 있긴 했지만, 병색이 보이지는 않았다. 다른 아이들이 뛰어다니는 것과 달리 힘없이 누워있는 것 말고는 또래 아이들과 다를 바가 없어 보였다.

저렇게 멀쩡한데 불치병이라고? 너무 멀쩡해 보여서 병에 대해 잘못 이야기한 것은 아닐까 하는 의심이 들 정도였다. 하지만 잘못 말한 것은 아닐 것이다. 자식을 키워본 부모라면 자식의 병을 부풀려서 말할 사람은 없다는 것쯤은 누구나 아는 사실이니까. 아이들이 소파로 와서 우빈의 팔을 잡아끌었다. 그러자 아이는 일어서기 싫다는 듯 축

늘어진 미역줄기 같은 모습으로 아이들에게 끌려 방으로 들어갔다.

몇 달 전 모임을 시작하기 전 미숙 씨가 담담한 목소리로 병원에 다녀온 이야기를 했다.

"우빈이가 평소에 코피를 자주 흘리는 것 알고 계시죠? 지난주 일요일에 코피가 났지만, 대수롭지 않게 생각했어요. 그런데 갑자기 아이가 의식을 잃고 쓰러졌어요. 너무 놀라 119를 불러 아이를 데리고 응급실에 갔어요."

미숙 씨는 잠깐 침묵했다. 하지만 곧 남은 이야기를 마저 해야 한다는 듯이 숨을 크게 들이마시고는 빠르게 말을 이었다.

"병원에 며칠 입원해서 검사받았어요. 의사 선생님이 재생불량성빈혈이라고 하더라고요."

"빈혈요? 코피를 많이 흘려서 빈혈이 생긴 건가요?"

"그래서 우빈이 얼굴에 핏기가 없어 허여멀건 했군요."

갑자기 웅성거렸다. 어떤 사람은 빈혈을 이야기하고 어떤 이는 얼굴빛을 이야기했다. 미숙 씨가 헛기침을 하고 말을 하려고 하자 조용해졌다.

"나도 빈혈이라고 해서 그런 줄 알았어요. 그런데 그런 일반적인 종류의 병이 아니래요. 의사가 살 확률을 이야기하더군요."

미숙 씨는 입에 손을 대고 잠깐 말이 없었다. 감정이 격해진 모양이었다. 우리는 놀란 눈으로 서로를 보며 눈을 크게 떴다. 나는 얼른 재생불량성 빈혈이라고 스마트폰에 적어 검색해 보았다.

-저혈성 빈혈, 다른 말로 후천성 재생불량성 빈혈은 우리 몸의 혈액을 생산하는 뼈 내부에 있는 해면질의 물질인 골수 내의 조혈모세포가 점차 고갈되며 골수 기능 부전이 야기되어 빈혈, 혈소판 감소, 백혈구 감소 등을 유발하는 질병이다. 재생불량성 빈혈의 증상은 기능적 혈구 세포를 충분히 생산하지 못하는 골수 기능 부전의 결과로 발생하며, 질병의 특이 증상과 진행은 각각의 개인에 따라 다양하게 나타난다. 일부 환자에게선 수년 동안 경미한 증상으로 지속되나, 또 다른 환자에게선 생명을 위협하는 합병증으로 진행하여 심각한 증상을 나타낼 수 있다. 재생불량성 빈혈의 초기에는 혈구 감소로 인한 증상 개선을 위한 보존적 치료가 바로 시작되어야 하며, 이런 치료는 빈혈을 위한 적혈구 수혈, 심각한 출혈을 예방하기 위한 혈소판 수혈, 감염예방을 위한 항생제 사용이 필요하다. 이런 보존적 치료를 안 할 경우, 1년 이내에 80퍼센트 이상이 사망하게

된다.-

스마트폰에 적힌 글을 읽었지만 무엇을 말하는지 정확하게 알 수 없었다. 심각한 병인 것도 같고 그렇지 않은 것도 같았다. 그런데 살 확률을 이야기했다고 하니 심각한 일이라는 생각이 들었다, 미숙 씨의 얼굴을 보았다. 핏기가 없는 그녀의 얼굴이 다른 날보다 더욱 뾰족하게 보였다.

"그럼, 목요 모임은 그만해야 하지 않을까요? 적어도 우빈이 치료가 끝날 때까지 만이라고요. 어떻게 생각하세요?"

그때 누군가 어두운 목소리로 말했다.

"아니에요. 해야 해요. 일주일에 한 번씩 여러분을 만나서 나누는 신앙 이야기는 나에게 믿음을 갖게 하는 일이에요. 그러니 계속 와 줘요. 그래야 제가 버틸 수 있을 것 같아요."

미숙 씨는 간절해 보일 정도로 모임을 계속하겠다는 의사를 표시했다.

"제가 이 일을 극복할 수 있게 도와주세요."

모임에 온 이들은 우빈이와 같은 또래를 키우고 있는 엄마들이었으므로 비슷한 마음이지 않았을까. 무엇이든지 할 수만 있다면 도움을 주고 싶었을 것이다. 그래서 우리는 우빈이가 아픈 와중에도 계속 모임을 하게 되었다. 마치 아무 일도 일어난 것이 없었던 것처럼, 되도록 감정을 드러내지 않게 조심하면서, 만남을 이어가고 있었다.

여자를 기다리던 날도 목요 모임이 있던 날이었다. 곧 올 거라던 여자는 약속 시간이 한참 지났는데도 나타날 기미가 보이지 않았다. 우리는 약간 지친 상태였다. 그러나 상황이 상황인지라 아무도 불평하지 않았다. 여자가 점점 더 늦어지자 사적인 대화가 오가기 시작했다. 함께 온 아이들이 우르르 몰려다니면서 고함을 지르며 뛰어다녔다. 실내가 소란스러워졌다. 그 모습을 본 누군가가 아이들을 놀이방에 모아놓고 만화영화를 켜 주고 문을 닫고 나왔다. 그러자 조금 조용해졌다. 나는 미숙 씨를 흘깃 쳐다보았다. 그녀는 옆에 앉은 혜경 씨와 이야기하고 있었다. 그러나 이야기에 집중하지 못하고 있는 듯했다. 왜냐하면 자꾸 시계를 쳐다보거나, 한숨을 내쉬거나, 혜경씨 말을 제대로 듣지 못했는지 되묻기를 반복하고 있었기 때문이다. 초조한 모양이었다. 목요일마다 미숙씨가 앉았던 자리가 비어 있었다. 그 자리는 전능한 신에 대해 이야기하던 자리였다. 미숙 씨는 자신이 말하던 전능한 신이 두고, 사람을 초빙했을까? 하는 궁금증이 일었다.

초인종이 울렸다. 웅성거리던 소리가 딱 멈췄다. 미숙 씨가 벌떡 일어나 현관문으로 뛰다시피 걸어갔다. 현관문이 열리고 인사하는 소리가 들렸다. 곧이어 "이쪽으로 들어오세요."라고 말하는 목소리가 들렸다. 조금 있으니 여자가 거실을 가로질러 걸어 들어오는 게 보였다. 나는 여자를 보고 조금 놀랐다. 여자가 종교를 가진 자들이 내뿜는 특유의 기쁨이 가득 찬 얼굴이나 혹은 현실과 동떨어진 평온한 모습을 가졌을 거라고 기대했던 것과는 완전히 다른 모습이었다. 그것은 여자가 입고 있는 옷 때문일지도 모른다. 여자는 검은 재킷과 종아리를 덮는 짙은 고동색 치마를 입고 있었다. 그 옷은 한여름에 입기에는 두꺼워 보였다. 게다가 검은 큰 가방과 커피색 스타킹까지 신고 있었다. 여자가 거실에서 걸음을 옮길 때마다 거실 바닥에 물기 있는 발자국이 꾹꾹 찍혔다가 천천히 사라졌다. 그때도 여자는 지금처럼 검붉어 보였다.

여자가 직원에게 카드를 내민 것으로 보아 만두를 주문한 모양이었다. 만두가게 주인과 아는 사이인지 한참 동안 이야기를 나누고 있었다. 둘은 사적인 이야기를 나누는지 고개를 끄덕이기까지 했다. 주인이 계산한 영수증과 카드를 돌려주자 여자는 그것을 받아서 지갑에 넣었다. 그리고 주위를 두리번거렸다. 저 눈빛! 먹잇감을 노리는 동물의 눈빛을 가진 여자는 지금도 사냥감을 찾고 있는지 궁금했다.

"살인자."

나는 여자에게서 눈을 떼지 않고 낮게 중얼거렸다.

미숙 씨는 약속 시간보다 한참을 늦은 여자에게 앉기를 권하고, 더워 보이는 여자를 위해 재빨리 에어컨 온도를 낮췄다. 지방이 많아 두툼해 보이는 여자의 얼굴이 번들거렸다. 왠지 헐떡이고 있는 것처럼 보였다. 여자는 꾸깃꾸깃한 손수건을 검은 가방 앞쪽에서 꺼내더니 찍어 누르듯이 얼굴을 닦았다. 그러자 검은 얼굴에 화장을 잘못해서인지 밀가루가 여기저기 뭉쳐있는 것처럼 희끗희끗하게 보였다. 미숙 씨가 얼음이 담긴 오미자차를 유리잔에 가져왔다. 여자는 그것을 받아들고 쉬지 않고 한꺼번에 다 마셨다. 생수병을 더 가져왔다. 물이 차가운지 병 바깥에 하얗게 서리가 끼어있었다. 여자는 병을 따더니 반쯤 마시고는 병뚜껑을 잠갔다. 그제야 더위가 좀 가셨는지 허리를 뒤로 젖히고 앉으며 입속에 남은 물을 꿀꺽 소리를 내며 넘겼다. 그런 후 긴 한숨을 내쉬고는 천천히 주위를 둘러보았다. 여자는 거기 모인 사람들을 한 사람씩 주의 깊게 훑어보았다. 마치 모두를 정확하게 기억하고 있어야 한다는 듯이. 우리를 바라보는 여자의 눈이 가늘어졌다.

나는 여자를 주의 깊게 바라보았다. 저 사람이 정말 병을 고칠 수 있다고? 여자는 집중하고 있는 내 눈빛을 느꼈는지 천천히 고개를 돌려 쳐다보았다. 머리를 약간 숙이고 있어 노려보고 있는 것 같았다. 반만 보이는 옅은 갈색 눈동자 주위에 누르스름하게 보이는 흰자위가 충혈되어 있었다. 여자와 눈이 마주치자마자 알 수 없는 두려움이 내 몸을 훑고 지나갔다. 어쩌면 저 여자가 능력자라면 내 마음을 훤히 들여다볼지도 모른다는 두려움이 일었다. 집요하게 쳐다보는 여자의 눈빛을 피하며 나도 모르게 몸을 웅크리며 마음에 있는 뭔가를 감추려고 했다. 그날 처음으로 내 안에 나도 모르는 죄성이 자리 잡고 있을지도 모른다고 생각했었다.

여자는 직원이 내민 비닐봉지를 받아 들고 에스컬레이터 쪽으로 걸어갔다. 밖으로 나갈 모양이었다. 나는 급하게 일어섰다. 여자를 놓칠까 봐 빠르게 움직였다. 여자가 에스컬레이터를 타는 게 보였다. 그녀보다 서너 계단 아래 섰다. 여자가 천천히 뒤를 돌아다보았다. 고개를 숙이고 사람들 사이로 몸을 숨겼다. 어쩌면 여자가 나를 기억하고 있을지도 모른다. 내가 여자를 선명하게 기억하는 것처럼. 잘못하여 들키면 안 된다. 여자를 만난 사실을 미숙 씨에게 알려야 한다. 사명감이 솟는 것을 느끼며 몸을 더 깊이 숙였다.

그날, 여자는 우빈이 머리에 손을 얹고 기도했다. 낮고 온화한 목소리로 시작된 기도가 시간이 지날수록 점점 격렬해졌다. 마치 시동 걸린 자동차가 속도를 올리는 것 같았다. 급기야 알아들을 수 없는 언어가 그녀 입에서 튀어나오더니 머리와 손과 몸을 떨기 시작했다. 그 모습은 아프리카 부족이 행하는 주술이나 작두 탄 무당의 어떤 부분과 닮은 것 같았다. '기도로 나을 것 같으면 아픈 사람이 왜 있어?' 나는 여자가 기도하는 것을 보며 생각했다. 그러나 곧 그것은 정화수에 침을 뱉는 것 같은 부정한 마음이라는 걸 깨달았다. 그래서는 안 된다고 생각했다. 고개를 숙이고 기도에 동참했다. 어찌나 간절한 마음으로 기도했는지 눈을 뜨니 벽에 하얀 구름이 뭉글거릴 정도였다. 기도를 마친 여자는 다음에 자신이 올 때까지 병원 약을 먹이지 말라고 이야기했다. 그리고 주의사항 몇 가지를 이야기했다. 미숙 씨는 계시를 받는 사람처럼 두 손을 모으고 여자의 말을 듣고 있었다. 여자의 말이 끝나고 가방을 꾸렸다. 그러자 미숙 씨가 여자에게 봉투를 건넸다. 봉투가 두툼한 걸로 보아 많은 돈이 들어있는 것 같았다. 하기야 나라도 불치병이 기도로 낫는다고 하면 병원비보다 훨씬 많은 돈을 지불했을 것이다. 그러나 거기에는 병이 낫는다는 전제조건이 반드시 있어야한다. 아직 그럴지 아닐지 확신할 수 없는 상태에서 저렇게 많은 돈을 줄 필요가 있을까? 하고 생각했다. 나중에 돈을 미리 정하고 지불한 거냐고 물었다. 그건 아니라고 했다. 그저 자기 마음에 내키는 대로 감사 헌금을 했을 뿐이란다. 그렇다면 왜 그렇게 많은 돈을 스스로 낸 것일까. 그것은 아마 자신의 믿음을 확인하려고 했던 것일지도 모른다. 현실을 살아가는데 가장 필요한 것이 돈이므로 물질을 능가하는 믿음 혹은 보이는 것을 초월하는 믿음을 드러내고 싶었던 것은 아니었을까. 나는 종교가 없는 사람이었으므로 미숙 씨를 평가해서는 안 된다고 생각했다. 그녀는 나보다 훨씬 큰 내가 모르는 신앙의 세계가 있을 테니까.

여자는 봉투를 받아 검은 큰 가방에 집어넣고 바쁜 일이 있는 사람처럼 급하게 걸어 나갔다.

"아무리 그래도 약은 안 끊을 거죠?"

여자가 밖으로 나가자 누군가 걱정스러운 목소리로 물었다.

"제 생각에도 기도는 기도고, 약은 먹어야 할 것 같아요."

나도 한 마디 거들었다.

미숙 씨는 믿음은 그런 게 아니라고 하며 보이지 않는 것을 보이는 것처럼 믿는 것이 진정한 믿음이라고 조곤조곤 기도문을 읽듯 대답했다. 그러고는 결연한 눈빛으로 어떤 순간에도 믿음을 지키겠다는 듯, 다른 사람의 말에 흔들리지 않기 위해 마음의 빗장을 단단하게 채우는 것처럼 보였다. 그때 미숙 씨의 눈빛이 여자의 눈빛과 닮아 보였다. 충혈되어 번들거리는 것 같기도 하고, 무언가를 찾아 헤매는 듯도 하고, 쫓기는 것처럼도 보였다.

결국 병원에서 준 약을 먹지 않았고, 이 주 후에 병원에 가서 검사했다. 그런데 믿을 수 없는 일이 일어났다. 백혈구 수치가 올라간 것이었다. 그때부터 미숙 씨는 완전히 다른 사람으로 변했다. 기적이 있다는 것을 자신이 증명해 보이겠다는 듯 이제까지 본 적 없는 열정을 드러냈다. 그런 그녀를 보고 사람이 변하는 데는 시간이 걸리는 일이 아니었다. 한순간에 마음의 변화가 사람을 통째로 바꾼다는 것을 미숙 씨를 보고 알게 되었다. 어쩌면 육체를 조종하고 있는 것은 마음일지도 모른다. 처음 여자를 소개할 때 믿는다고 하면서도 아닐 수도 있으니 조심스럽게 행동했던 부분이 완전히 달라졌다. 미숙 씨는 여자에게, 정확히 말하면 여자의 기도 능력에, 우빈을 완전히 맡기기로 했다는 것을 알 수 있었다. 우리는 그런 미숙 씨의 태도를 이해할 수 없었다. 어떤 부분은 광적으로 보이기까지 했다. 다른 사람들도 그런 생각을 했는지 매주 모임에 참석하던 사람들이 점점 나오지 않았다. 결국 나를 포함해 세 명만 남았을 뿐이었다.

그 후, 여자는 이 주에 한 번씩 방문했다. 격렬한 기도 뒤에 언제나 두툼한 봉투가 건네졌다. 그러나 우빈이가 버틴 시간은 고작 육 개월 정도였다. 결국 병세가 극도로 악화하여 입원할 수밖에 없었다. 그것도 감옥 같은 무균실에서 혼자 보내야 했다. 그렇게 급박한 상황에서도 미숙 씨는 목요모임을 놓지 않았다. 마치 그것은 신에게 보여줘야 할 자신의 마지막 남은 믿음을 지키는 일이라고 생각하는 것 같았다. 또한 그렇게 하지 않으면 아이가 정말 죽게 될지도 모른다는 두려움을 가진 것처럼 보였다. 그런 미숙 씨의 모습은 절망을 안고 희망이라고 말하는 것 같았다.

어느 날 모임을 잠깐 쉬겠다고 연락이 왔다. 우빈이 병세가 악화하였을 거로 짐작했다. 그리고 내 추측이 맞았다는 것을 안 것은 그로부터 두 달이 지나서였다. 미숙 씨가 목요 모임을 끝까지 지킨 세 명을 초대했다. 미숙 씨는 거식증 환자 같은 모습으로 아이의 죽음을 알려주었다.

"…"

"평온한 얼굴이었어요. 괜찮아요. 이제 괜찮아요."

"…"

"…이제 모임을 그만해야 할 것 같아요. 그동안 고마웠어요."

그녀는 그 말을 할 때 힘이 드는지 몇 번이나 말을 하다가 멈췄다. 그녀는 유령처럼 소리가 없었다. 움직일 때도 숨 쉴 때도 심지어 말할 때조차도 그렇게 보였다.

그 후 그녀의 이혼 소식을 들었다. 특별한 문제가 없어 보이던 부부가 이혼한 까닭은, 미숙 씨가 우빈이를 그렇게 보낸 것을 자신의 탓으로 돌린 건지 아니면 병원 치료를 주장했다던 남편이 이혼을 원했는지는 알 수가 없다. 한 생명이 탄생했다가 사라지는 것이 아무 일도 일어나지 않은 것처럼은 될 수 없는 모양이었다. 특히 자식일 경우에는 더더욱 그럴 것이다.

에스컬레이터에서 내린 여자는 백화점 일 층에 있는 화장품 판매대를 기웃거리다가 걸음을 멈췄다. 거울을 보며 견본으로 나온 립스틱을 입술에 바르고 입꼬리를 올리고 치아를 드러내며 웃었다. 그것을 보며 지난 시간 동안 내가 생각하는 것과는 다른 어떤 일이 일어났을지도 모른다고 생각했다. 여자는 립스틱을 사서 가방에 넣고, 도로 쪽으로 나 있는 백화점의 큰 문을 밀고 밖으로 나갔다. 거리를 두고 여자를 따라 나갔다. 백화점 앞에 조성된 넓은 공원은 대로변과 연결되어 있었다. 사거리 신호등 앞에서 멈췄다. 신호를 기다리는 것으로 보아 도로를 건널 모양이었다. 공원 조각상 뒤에 서서 그녀를 계속 지켜보았다. 자세히 보니 구두가 하이힐에서 낮은 구두로 바뀌어 있었다. 그것이 십 년의 시간이 지났음을 증명하는 듯했다.

신호가 바뀌자 여자가 도로를 건너기 시작했다, 나는 그 뒤를 따라갔다. 여자는 가끔 손에 든 가방이 무거운지 만두가 든 가방과 검은 가방을 교대로 바꾸었다. 키가 작아

잰걸음으로 걷는 모습이 뒤뚱거리는 것처럼 보였다. 오랫동안 대로를 걷다가 골목으로 들어갔다. 연립주택이 밀집해 있는 동네가 큰 빌딩 뒤에 숨어 있었다. 좁은 골목에서 자동차가 맞닥뜨린 나는 차가 지나가길 기다렸다. 그동안에도 여자가 골목 안으로 들어가는 것을 놓치지 않고 지켜보았다. 자동차가 지나가고 난 뒤 골목 안을 따라 들어갔다. 여자가 보이지 않았다. 집도 찾을 수 없었다. 한 가지 다행인 것은 막다른 골목이라는 것이었다. 마음만 먹으면 얼마든지 찾을 수 있는 상황이었다. 나는 오랫동안 골목 입구에 서 있었다. 혹시나 여자가 쓰레기라도 버리러 나오지 않을까 하여 기다렸다. 끝내 나타나지 않았다. 나는 몸을 돌려 집으로 향했다.

집에 오니 힘든 노동일을 한 것처럼 피곤했다. 차 한 잔을 들고 소파에 앉았다. 십 년 동안 마음 저 밑바닥에 밀어넣어둔 채 잊고 있던 감정이 되살아났다. 죽음이라는 절망 앞에서 이성을 잃은 미숙 씨를 이용해서 자신의 욕구를 채웠던 여자에 대한 분노가 치밀었다. 또한 적극적으로 말리지 못한 나 자신을 책망했다. 그때 약을 먹여야 한다고 더 강하게 말하지 않았을까. 후회와 자책감이 올라왔다. 내

가 여자를 살인자로 생각하고 잊지 못하는 이유는 나 자신
이 살인을 방조한 책임도 있기 때문이었다. 새삼 미숙 씨
는 우빈이의 죽음을 어떻게 받아들이고 있을지 궁금했다.
미숙 씨와는 이혼 소식을 끝으로 연락이 끊긴 상태였지만,
여자의 소식을 알려야 한다. 여자의 실루엣을 처음 본 순
간 본능적으로 따라간 것은 우빈을 죽게 만든 여자가 처벌
받아야 한다고 생각했기 때문이다. 죽음을 담보로 미숙 씨
를 가스라이팅한 그 여자를 그냥 둬서는 안 된다, 정의감
이 솟구치자 조급해졌다. 미숙 씨에게 전화를 해야 한다.
그러나 막상 전화번호를 찾자, 전화를 걸지 못하고 망설여
졌다. 혹시라도 이 전화가 미숙 씨의 잔잔한 일상을 흔들
어 놓는 것은 아닐까 하는 염려 때문이었다. 한참 망설이
다가 용기를 냈다. 신호음이 울렸다. 한참이 지나도 전화를
받지 않았다. 전화번호가 바뀌었나? 전화를 끊으려는 순간
목소리가 들렸다. 미숙 씨는 아직 전화번호를 바꾸지 않았
고, 내 번호도 지우지 않은 모양이었다. 안부를 묻지 않았
다는 것을 그제야 깨달았는지 다시 말했다.

"잘 지내죠? 오랜만이에요."

"네. 어느새 시간이 이렇게 흘렀는지… 세월이 참 빠른
것 같아요."

174

그리고 우리 사이에 한참동안 침묵이 흘렀다. 그 침묵은 우리 사이의 거리를 나타내고 있었다. 서로에 대한 마음의 거리, 흘러간 시간의 거리, 그리고 둘 사이에 떨어져 있는 만큼의 거리가 친밀감을 밀어내고 있었다. 저에게 하려는 말이 뭐죠? 할 말이 있어서 전화한 거잖아요, 물음이 들리는 듯했다. 나는 마른침을 꿀꺽 삼켰다. 어떻게 말을 꺼내야 할지 몰라 우물쭈물하는 짧은 시간이 아주 길게 느껴졌다.

"우빈이… 위해 기도했던 그 여자, 혹시 기억하세요?"

긴 침묵 뒤에 나는 아주 조심스럽게 겨우 말을 꺼냈다.

"내 결정이 잘못되었다는 것을 안 것은 응급실에서였어요."

미숙 씨가 동문서답같이 대답했다.

"의사가 물었어요. 왜 약을 안 먹였냐고요. 내가 말했죠. 기도 후에 백혈구 수치가 올라갔다고… 기적이 일어날 거로 믿었다고… 그랬더니 의사가 한쪽 입꼬리를 올리고 피식 웃더군요. 일시적으로는 그럴 수도 있어요. 그런데 요즘 세상에 기적 같은 것을 믿다니 어떻게 그럴 수 있죠? 했어요. 그리고는 강조하듯 말했어요. 약을 절대 끊어서는 안 되는 일이었다고."

미숙 씨가 준비된 PPT를 읽듯 빠르게 이야기하자, 나는 그녀가 그 일에 대해 아직도 죄책감을 느끼고 있고 거기에서 완전히 벗어난 것은 아니라는 것을 알 수 있었다.

"그때는 엉뚱한 방향을 보고 있었던 것 같아요. 내 믿음이 잘못되었던 거죠. 맞아요. 그때는 그랬어요. 그러나 나는 얼마 전에 겨우 내가 바라봐야 하는 방향으로 몸을 튼 것 같아요. 이곳에서 아주 훌륭하고 좋은 분을 만났거든요. 이제 걱정 없어요. 올바른 방향으로 가고 있으니까요."

나는 이곳이 어디냐고 물었다. 미숙 씨는 이사했다고 했다. 그리고 그곳에서의 삶을 약간 흥분조로 이야기하기 시작했다. 그곳에서 이제까지 자신이 생각한 적 없는 철학과 사상을 가진 스승을 만났다고 했다. 나는 미숙 씨의 이야기를 들으며 그녀가 그때와 달라지지 않았다는 생각이 들었다. 신에게 기대 살던 미숙 씨가 여자에게 매달렸었고, 이제는 굉장한 철학과 사상을 가진 스승에게 자신을 삶을 맡기려 하고 있다는 것을 알았다. 죄책감을 해결하지 못하고, 엉뚱한 방향에 있는 가장 높은 곳(모든 산에는 가장 높은 곳이 존재하기 마련이니까)에 올라가려고 하는 것 같았다. 그때처럼 조금은 광적인 모습으로.

"그 여자 만났나요?"

나는 멈칫했다. 결국 내가 묻고 싶었던 부분을 물어보지도 못했다.

'미숙 씨도 나처럼 그 여자가 살인자라고 생각하세요? 억울하지 않으세요? 여자가 사는 곳을 알고 있어요. 한 번 만나 보실래요?'

이미 마음을 정리한 것처럼 보이는 미숙 씨에게 마음으로만 물었다. 그때보다 훨씬 애쓰는 미숙 씨의 삶의 루틴이 보이는 듯했다. 내가 더 이상 관여해서는 안 되는 어떤 일이 그녀에게 일어나고 있는 느낌이었다. 최선을 다하고 있으니 어떤 모습으로든 그녀의 삶이 가득 채워질 것이다. 그러니 여기까지만, 이라고 생각했다. 그리고 나는 그 일을 잊어버렸다.

어느 주말, 백화점 지하에서 친구를 만났다. 지하 식당가에는 여전히 사람들이 붐비고 있었다. 친구가 만두를 사기 위해 줄을 서 있었다. 어? 친구 바로 앞에 그 여자가 서 있었다. 그녀의 모습이 뭔가 달라 보였다. 여자는 빨간 립스틱을 칠하고 있었다. 옆에는 겁먹은 얼굴의 젊은 남자가 서 있었다. 남자를 자세히 살펴보았다. 이십대 중반으로 보이는 그 남자는 기름기가 흐르는 머리를 옆으로 넘기고, 자기 몸보다 훨씬 큰 양복을 입고 있었다. 멀리서 보기에도 남자가 여자에게 지나치게 의지하고 있는 것 같았다. 어쩌면 그때의 미숙 씨처럼 남자는 여자에게 가스라이팅 당하고 있을지도 모른다고 생각했다. 여자는 스무 살은 차이가 날 것 같은 남자의 약점을 쥐었을 것이다. 그를 조종하고 돈을 빼앗고, 남자의 젊음을 빨아 먹고 있을지도 모른다. 그래서 립스틱이 필요했던 것인가. 남자를 조종하고 있는 여자는 육체적 쾌락 뒤에 오는 만족감을 얼굴에 드러내고 있는 것처럼 보였다. 여자가 남자를 보고 배시시 웃고 보였다. 가슴이 철렁 내려앉았다. 여자는 여전히 거리낌 없이 선악과를 따고 있었다. 내가 무책임하게 있는 사이 여자는 다른 범죄를 이어가고 있다. 또 다른 미숙 씨가 생긴 것이다. 뭔가 조처를 내려야 한다고 생각했다. 여자는 내가 생각에 잠겨 있는 사이 만두가 담긴 봉지를 들고 젊은 남자와 함께 밖으로 나가버렸다. 조금 후 친구가 돌아왔다. 그리고 자기 앞에 서 있던 사람들을 봤다고 물었다. 나는 봤다고 말하고, 왜냐고 물었다. 친구가 그 여자분 교회에서 헌금 많이 하고 기도 많이 하는 분으로 유명하다고 했다. 조금 전 앞에 서 있던 사람이 자폐아 아들인데 날마다 아들을 위해 기도한다고 교회에 살다시피 한다는 거였다. 그걸 어떻게 아느냐고 물었다. 교회에서 유명하니까,

하고 친구가 대답했다.

"나도 정확히는 몰라. 그렇다고 하니까 그런가 보다 하는 거지. 우리 교회 온 지 이 년이 채 안 됐는데 아무튼 그렇대. 가끔 보는데 나쁜 사람 같지는 않더라."

친구는 가지고 온 만두를 먹기 좋게 놓으며 말했다. 순간 혼란스러워졌다. 그럼, 이제까지 내가 알던 여자는 누구였을까? 그렇다면 내가 이제까지 선을 그었던 옳음이나 그름, 혹은 선이나 악으로 구분 지었던 모든 것은 다시 펼쳐봐야 한다는 생각이 들었다. 왜냐하면 내가 판단하려 했던 부분은 보이지 않는 인간의 내면에 관한 부분이기 때문이다. 겉으로 드러나 보이는 것이 그 사람인 것은 아니라는 것을 우리는 잘 알고 있다. 환경이나 경험에 의해 겹겹이 쌓인 본래의 마음이 너무 깊은 곳에 있어 때로는 자기 자신조차 보지 못할 때가 있다. 여자의 본마음과 미숙 씨의 본마음을 생각해 보았다. 여자의 기도가 진실일지도 모른다. 그렇다면 한 인간을 판단하는 기준이 되는 것은 아무것도 없다는 이야기가 아닌가. 여자나 미숙 씨를 제대로 알려면 루미놀이 뿌려지는 순간을 기다려야 한다. 삶의 흔적은 보이지 않는 곳에 남아있기 마련이니까. 살인자가 다 지우지 못한 피의 흔적이 루미놀에 의해 형광으로 드러나 듯, 여자와 미숙 씨가 다 지우지 못한 삶의 파편들은 그들의 마음에 흩어져 있을 것이다. 그것을 드러나게 하는 형광의 물질, 오직 그것만이 인간의 삶을 드러내는 진실일지도 모른다.

스르지에는 바람이 있었다

*

   스르지 언덕에 오르자, 바람이 거세게 불었다. 이곳에 오르면서 경사가 그다지 높다고 생각하지 않았는데 꼭대기에서 반대편을 보니 높은 절벽이었다. 그 아래로 두브로브니크와 아드리아해가 깜짝 선물처럼 펼쳐져 있었다. 시월의 크로아티아는 가을이었다. 계절을 닮은 하늘은 인간의 일에 초연해진 모습으로 땅에서 점점 멀어지고 있었다. 범접할 수 없는 파란색이었다. 가끔 관광객들이 지나가면서 맑은 하늘과 언덕 위로 불어오는 바람이 주는 감동을 언어로 표현하곤 했는데, 그것은 거대한 것을 아주 작은 것으로 만드는 일이었다. 말이 없어지고 언어가 사라져야 하는 계절이 하늘과 땅에 가득 차 있었다.

　나는 여전히 묶여 있었다. 언덕으로 거칠게 불어오는 바람도 그 끈을 어쩌지 못했다. 꼭대기 바위에 앉아 있던 나는 가부좌로 자세를 바꾸었다. 그리고 엉켜있는 끈을 꼭 풀어야 한다고 생각하며 눈을 감았다. 내면의 모든 문제는 눈을 감아야 볼 수 있다. 나는 내면의 무한함을 바라보며 엉킨 끈의 처음 가닥을 찾으려 집중하고 있었다.

　사람들이 인생의 출발점이라고 말하던 스무 살에 삶의 끝을 보았다. 시작점에서 마지막을 본다는 것은 살아온 날이 녹록지 않음을 의미한다. 살아남아야 한다는 강박 같은 것이 생겨난 것은 경제적으로 무능한 부모님 때문이었다. 어쩌면 그렇게까지 가난할까 싶을 정도로 그분들의 삶은 힘겨웠다. 어머니는 성당에서 장애인인 아버지를 만나 결혼했다. 일을 할 수 없었던 아버지를 대신해 어머니는 가정을 책임졌고 결국 힘에 부치는 일을 계속하다가 관절염에 걸렸다. 부모님은 씻는 일조차 제대로 하지 않았지만(어쩌면 못 하는 것일 수도 있다) 온유한 성격이었다. 나는 두 분의 사랑이 얼마나 대단했는지 혹은 얼마나 깊은 신앙심으로 서로 연결되었는지에 대해서는 관심이 없었다. 다만 그분들이 만들어 놓은 사랑의 결과물인 동생들을 내가 책임져

야 하는 현실이 힘들었고, 특히 가난이 가장 큰 문제일 뿐
이었다.

　나는 김치 냄새가 고여 있는 작은 임대 아파트의 궁핍함
을 볼 때마다 그것이 날마다 바꿔 입을 수 있는 셔츠 같은
것이었으면 좋겠다고 생각했다. 바꿔 입을 새 옷이 없을지
도 모른다는 절망이 인생의 결말을 보게 했다. 나를 물욕
이 가득한 더러운 인간이라고 욕하는 사람들의 시선 따위
는 하나도 겁나지 않았다. 그저 하얀 셔츠 같은 현실이 내
게 오지 않을지도 모르는 사실이 두려울 뿐이었다. 정신적
으로든 육체적으로든 애쓰지 않아도 되는 삶을 살아가는
친구들이 부러웠다. 그런 삶을 살고 싶어서 홍대를 돌아다
니기도 하고 술에 취해 보기도 했다. 하지만 나는 이미 묶
여 있었다. 이미 불행했고, 이미 우울했으며, 어둠 비슷한
것이 나의 일부분이 되어있었다. 그것은 마음의 자유를 허
락하지 않았고, 잘못된 종교적 신념처럼 나를 괴롭혔다. 가
족을 위해 살지 않으면 찾아오는 죄책감과 단 무언가를 하
지 않으면 안 된다는 강박으로 인해 한순간도 고요 속에
머무를 수 없는 상태가 되었을 때야 뭔가 잘못되었다고 생
각했다. 스무 평도 안 되는 임대 아파트 안에 앉아 있으면
가끔 벽이 나를 향해 다가와 옥죄는 느낌이 들었다. 그러

184

나 그 무엇보다 현재의 결핍보다 뻔히 들여다보이는 인생의 마지막이 나를 힘들게 했다. 모든 고통은 오롯이 나의 몫이었다. 살아내야 하는 현실이 벅찼다.

여동생이 고등학교를 졸업할 무렵이었다.

"너 요즘도 외국어 공부하니? 고등학교 때 영어도 실력 최고였잖아. 불어도 잘했고."

친구가 물었다. 앞뒤 맥락 없는 질문에 말없이 친구를 쳐다보고 있었다.

"네가 죽자 살자 영어 공부를 한 이유가 먼 데로 떠나고 싶어서라고 했잖아."

친구는 내가 잊어버린 고등학교 시절의 나를 기억하고 있었다. 그랬었던가? 사실 나는 늘 외국어를 공부하고 있었다. 딱히 이유가 있었던 것은 아니었다. 제2외국어였던 불어는 물론이거니와 일어까지도 독학으로 공부하고 있었다. 그러나 그 이유가 먼 데를 가기 위해서라는 생각은 하지 못하고 있었다. 친구 말을 듣고 나서야 내가 먼 곳으로 떠나고 싶어 한다는 걸 깨달았다.

"혹시 너 프랑스에 가서 일해 볼 생각 있니?"

"프랑스?"

내가 되물었다. 친구는 친척이 프랑스에 살고 있는데 근처 농장에서 일할 사람을 구한다고 했다. 원래는 자기가 갈 생각이었는데 다른 일이 생겨서 못 가게 되었단다. 보수가 우리나라보다 훨씬 많고 잘 곳도 준다고 하니 여기서보다 돈을 많이 벌 수 있을 거라고 했다. 또한 하는 일이 농사짓는 일이 아니고, 관광객을 대상으로 포도주를 판매하는 일이라 어렵지 않을 거라고 했다. 나는 갑작스런 친구의 제안에 멍해져서 대답을 하지 못하고 있었다.

"왜? 부모님 때문에? 아니면 동생들? 인생 한 번 사는 거야. 너도 너를 위한 삶을 한 번은 살아야지. 이번이 그런 기회야. 어쩌면 앞으로 이런 기회는 오지 않을 수도 있어. 내가 너를 오랫동안 봤잖아. 너는 할 만큼 했어."

친구의 그 말이 나를 움직였다. 맞아. 나는 할 만큼 했어. 이 시기를 놓쳐 버린다면 고인 웅덩이에 물이 썩어가는 것을 알면서도 절대로 움직이지 못할 거라는 걸 직감했다. 돌아보면 떠나지 못할 것 같아서 눈을 질끈 감았다. 지금까지 살아온 삶을 뒤에 둔 채 절벽에서 뛰어내리듯 과감하게 내 인생의 행로에서 벗어났다. 그때 심정으로는 할 수만 있었다면, 지구 밖이라도 뛰쳐나갔을 것이다. 하지만 고작 내가 머문 곳은 좁디좁은 지구 위 어느 한 곳이었을 뿐이었다. 프랑스에서 살면서 느낀 것은 사람 사는 일은 어디나 비슷하다는 것이었다. 멀리서 보면 아름다워 보여도 가까이 가면 그렇고 그런 인간의 삶에 불과했다. 농장주는 그럴듯한 외모의 백인 남자로 몸에 친절이 배어 있었다. 하지만 둘만 있을 때의 시선은 조금 달랐다. 내가 일을 하면 그가 지나가며 내 엉덩이를 길게 쳐다보고 있다는 것을 함께 일하는 다른 사람들을 통해 이미 알고 있었다.

어느 날, 농장주의 아내가 외출했을 때였다. 그가 내 손을 잡고 쥬뗌므,라고 말했다. 나는 그 말이 어이없게도 욕같이 들렸다. "미친." 있는 힘껏 그의 손을 뿌리쳤다. 생각지 못한 거친 반항이었는지 그의 눈이 커지며 움찔하는 게 보였다. 그는 평소 의견이라고는 없는 사람처럼 자신이 시키는 일에 말없이 순종하던 동양 여자를 애완동물처럼 다루면 된다고 생각했던 모양이었다. 쓰다듬어주고 안아주면 꼬리 흔들며 기뻐하는 강아지처럼 자신에게 몸을 내어줄 거로 착각한 듯했다.

농장주는 내 생각이나 감정 따위에는 관심이 없었다. 그저 동양 여자와 섹스가 어떤지 궁금해서 미칠 것 같은 얼굴을 내 쪽으로 들이밀었다. 나는 그의 얼굴을 세게 내리쳤다. 의외의 행동에 놀란 것도 잠시 그가 거칠게 나를 잡아당겼다. 나는 그의 손을 할퀴며 벗어나려 했다. 하지만 빠져나오지 못했다. 그는 내가 입고 있던 남방을 찢었다. 그 바람에 브래지어까지 뜯겨 나갔다. 그가 나를 힘껏 잡아당겨 거실 바닥에 누였고, 청바지를 벗기려 한쪽 팔로 가슴을 힘껏 눌렀다. 꽉 낀 청바지가 잘 내려가지 않자 더욱 거칠어졌다. 씩씩거리며 바지를 찢을 도구를 찾는 듯 두리번거릴 때, 발로 힘껏 찼다. 그가 급소를 잡고 뒹굴었다. 나는 몸통을 감싼 채 밖으로 뛰어나갔다. 마침 그때 그의 부인이 차에서 내리고 있었다. 머리가 헝클어지고 옷이 찢긴 내 모습을 보고 말았다. 내가 보고 말았다고 표현하는 까닭은 그 뒤에 일어난 일은 말하고 싶지 않아서다. 그것을 말하면 정말 비참해질 것 같다. 가끔 약자는 잘못이 없어도 가해자가 될 때가 있지 않은가.

나는 언덕 꼭대기로 불어오는 바람에 몸을 맡긴 채 여전히 눈을 감고 있었다. 수치와 분노로 인해 몸이 부르르 떨렸다. 바람은 그런 나를 위로하듯 훑고 지나갔다. 머리카락과 입술과 목덜미를 애무하는 바람의 손길이 한없이 부드러웠다. 바람의 자유가 내 안으로 들어왔다. 하늘과 땅에 이토록 자유가 가득했다니! 바람의 자유는 모든 게 사랑이 되는 순간을 경험하게 해주었다. 하늘과 땅에 온통 사랑으로 가득했다. 눈을 뜨자, 파란 하늘과 하얀 뭉게구름 사이로 눈부신 햇살이 가을 속으로 들어가고 있었다. 멀리 두브로브니크의 붉은 지붕과 성벽이 조그맣게 보였다. 그곳에서 멀지 않은 곳에 작은 섬 하나가 도시와 조화를 이루며 바다 위로 솟아있었다. 깊이에 따라 다른 색을 띠고 있는 바다는 한 가지 색이 아니었다. 요트들이 행간을 맞추고 서 있었다. 그 모습은 열을 맞춰 서 있는 군인 행렬 같았다. 나는 생각에서 벗어나려고 머리를 흔들며 벌떡 일어섰다. 그러고는 주변에 있는 돌멩이들을 모으기 시작했다. 아름다운 풍경을 보면 습관처럼 해오던 나만의 의식을 행하기 위해서였다.

"어디에서 왔어요?"

굵은 목소리가 들렸다. 그 목소리가 나에게 말을 건넨 것인지 확인하기 위해 소리가 들리는 쪽으로 고개를 돌렸다. 조금 떨어진 곳에서 오십 대 후반쯤 되어 보이는 남자가 나를 바라보고 서 있었다. 햇볕에 그을린 갈색 얼굴과 잘 다듬어진 수염을 가진 남자는 중후한 모습이었다.

"저요?"

"맞아, 나는 당신에게 이야기하고 있소. 어디에서 왔죠?"

"멀리서요."

"멀리서? 음, 그렇군."

그는 조금은 이상하게 들릴 수 있는 내 대답에 조금도 이상하지 않다는 듯이 손을 턱에 대고 진지하게 고개를 끄덕이며 말했다.

"그런데 그 돌멩이는 왜 줍고 있는 거지?"

"그건… 나를 묻으려고요."

나는 돌멩이를 손에 든 채 결연한 표정으로 대답했다. 그와 눈이 마주쳤다. 자세히 보니 남자의 얼굴은 동양인의 모습이 조금 섞인 백인이었다. 눈동자가 짙은 파란색이었다.

"나는 아까부터 아주 오랫동안 당신을 지켜보았는데 꽤 심각해 보이더군. 그렇다면 바위에 그렇게 앉아있었던 이유가 삶을 그만두기 위해서인가?"

그가 생각이 많아 보이는 얼굴로 물었다.

"네?"

나는 그의 말을 알아듣지 못해서 되물었다.

"조금 전 자신을 묻겠다고 하지 않았나요? 그렇다면…"

"아! 아니에요, 그런 거. 나는 죽지 않아요. 하하하."

나는 그의 빗나간 추측에 웃음을 터뜨렸다.

"그럼, 왜?"

"음, 그건… 뭐라고 설명해야 하지?"

나는 혼잣말을 하면서 어떻게 이야기해야 할지 잠깐 생각했다.

"나만의 의식이 있어서요."

"의식이라?"

"네. 의식요."

"주술인가?"

"주술?"

내가 하려는 행동이 주술인지를 잠깐 생각했다.

"생각해 보니 그건 주술이 아니네요. 소꿉장난 같은 거로 생각하면 될 거예요."

그가 고개를 끄덕이는 것이 보였다.

"그럼 전 이제 이만 가봐야겠어요. 빨리 끝내고 저기 아래에 내려가야 하거든요."

"저기 아래라면? 두브로브니크를 말하는 거요?" 남자가 물었다.

"네. 맞아요. 두브로브니크."

"혹시 거기에 살고 있나요?" 남자가 다시 물었다.

"아니요. 하지만 가 보고 싶어요. 너무 아름다운 도시잖아요. 그럼…"

나는 빠르게 말하고 걸음을 옮겼다. 내가 움직이는 것을 보고 그가 손을 들어 인사를 하고 언덕 아래로 걸어갔다. 그의 뒷모습은 앞모습보다 젊었다. 큰 키에 넓은 어깨는 운동을 많이 한 듯 건강해 보였다. 나는 아래쪽으로 내려가는 남자를 잠깐 지켜보다가 그가 내려간 길과 반대 방향으로 올라가기 시작했다. 모든 관광객이 절벽에서 머물다가 내려가는 것을 보고 산 중턱을 의식의 장소로 정했다. 절벽 꼭대기에서 나지막하게 솟아 있는 산에는 사람의 발길이 적었다. 제법 크게 자란 나무들을 헤치고 안쪽으로 들어갔다. 나무들은 계절을 인식하고 각자 살아온 삶의 모습으로 물들어가고 있었다. 봄의 새순이 연두를 지나 초록이 되고 주황을 지나 낙엽으로 변한 잎은 인간의 일생을 닮아 있었다. 나는 무슨 색일까를 잠깐 생각했다. 어쩌면 육체의 나이 때문에 초록일수도 있고 정신적인 거로는 주황이 군데군데 물들어 있지 않을까. 비슷해 보이지만, 같은 색이 없는 나뭇잎을 보며 사람들에게도 고유의 색이 있을지도 모른다는 생각이 들었다. 산 중턱에서 걸음을 멈췄다. 주위를 둘러보니 바다와 산이 한눈에 들어왔다.

"됐어. 바로 여기야."

혼잣말을 중얼거리며 땅을 파고 작은 구덩이를 만들었

다. 그리고 머리카락 몇 가닥을 잘라냈다. 그것을 들고 언덕 위로 불어오는 바람을 담기 위해 높이 쳐들었다. 머리카락에 바람이 가득 들어가는 것을 상상했다. 그 머리카락을 땅바닥에 놓고 흙을 덮어 봉분을 만들었다. 그 위에 돌멩이를 쌓아 올려 둥그런 돌무덤을 만들었다.

"이것이 의식인가?"

나뭇가지를 밀치며 그가 걸어오며 물었다.

"네? 네."

나는 깜짝 놀라 큰소리로 네? 하고 물었다가 곧 손을 털며 아무렇지도 않다는 듯 네. 하고 대답했다.

"그렇군. 아주 독특한 의식이야."

그가 말했다.

"그런데 왜 이 무덤을 만들었지?"

"자유가 필요해서요."

"자유?" 그가 되물었다.

"네, 자유요. 여기 보세요, 언덕으로 불어오는 바람요. 이것은 완전한 자유를 닮지 않았나요? 나는 이것을 기억해야만 해요. 특히 묶인 듯이 답답한 마음이 들 때는 더 더욱요."

나는 좁은 임대 아파트의 벽을 떠올리며 대답했다.

"그러면 힘든 마음이 바람에 날아가기라도 한다는 건 가?"

"내가 원하는 게 바로 그거예요. 이곳에 있는 내 몸의 일부가 바람의 자유를 느끼고 있으면 어디서든 난 자유를 느낄 수 있을 것 같아요."

"흠… 바람의 자유를 묻어둔다? 기발한 생각인 것 같군."

"이곳의 바람은 완전한 자유예요."

내가 두 팔을 벌리고 바람을 안은 자세로 말하자, 그가 미소를 지었다. 나는 처음 본 남자와 오래전부터 알고 있기라도 한 듯이 이야기를 나누고 있다는 걸 깨달았다.

"당신의 모습은."

그는 잠깐 침묵하더니 말을 이었다.

"음… 뭐랄까. 내게 아주 특별해지는 것 같군."

"자유로워지고 싶지 않으세요?"

"여행 중인가?"

그가 대답 대신 질문을 했다.

"그렇다고 할 수 있겠네요. 프랑스에서 이곳으로 올 때만 해도 그런 생각을 하지 않았는데, 지금 그 말을 들으니 정말 여행하고 싶다는 생각이 드네요. 아니, 정말 꼭 그래야겠어요."

나는 정말 그래야겠다는 생각을 굳히며 그의 눈을 쳐다보았다.

"눈이 아름답군. 나를 그렇게 뚫어지게 쳐다보는 건 나에게 관심이 있다는 뜻인가?"

남자가 웃지 않고 진지하게 물었다.

"그렇게 보였나요? 나는 내 생각을 깊게 보고 있어서 당신의 눈을 의식하지 못했어요. 그렇게 보였다면 실례했어요."

나 역시 웃지 않고 대답했다.

"생각을 깊게 한 나머지 내 눈을 의식하지 않고 있었다? 음, 그럴 수 있지. 암. 그럴 수 있고말고."

그가 고개를 끄덕이며 말했다. 조금 있다가 다시 물었다.

"어디에 머물 건가?"

"글쎄요. 아직 모든 게 미정이지만 한 가지 확실한 건 며칠 동안은 두브로브니크에 있는 한 호텔에 머물 거라는 거예요."

나는 가방을 메며 말을 이었다.

"전 가봐야겠어요. 오늘 잘 곳을 정하지 못했거든요. 그럼."

"걸어갈 건가?"

그가 나와 보조를 맞춰 걸으며 물었다.

"네."

"꽤 멀 텐데. 차가 있으니 함께 타고 가지."

그가 손으로 가리키는 곳을 보니 자동차 한 대가 서 있었다. 하지만 나는 포도 농장 주인을 떠올리며 그의 제안을 거절했다.

"아니에요. 고맙지만, 전 걸을래요."

그는 내 대답을 듣고 오른손을 들어 무슨 말을 하려다가 멈췄다. 그러더니 손으로 인사를 하고는 자동차가 있는 쪽으로 걸어갔다. 시동 걸리는 소리가 들리고 차가 움직이는 소리가 나더니 내 옆에 차가 멈췄다. 나는 고개를 돌려 그를 보았다. 남자는 창문을 내리고 손짓으로 타지 않겠냐고 물었다. 나는 괜찮다고 고갯짓으로 거절했다. 그는 내 고집을 못 말리겠다는 듯 손을 한 번 휘젓고는 속력을 내며 언덕을 내려갔다. 자동차가 지나간 자리에 먼지가 일었다. 나는 손으로 입을 막고 먼지가 가라앉길 기다렸다가 언덕을 내려가기 시작했다.

**

　두브로브니크까지 가는 길은 2차선 도로로 이어져 있었다. 가끔 관광객을 실은 버스와 자동차들이 지나갔다, 내가 걸어가고 있는 길 왼쪽으로 바다가 보였다가 언덕이 나타나기를 반복하고 있었다. 오른쪽으로는 절벽이 병풍처럼 둘러 있었다. 생각보다 도시는 멀리 있었다. 걷는 게 힘들다는 생각이 들 무렵이 되어서야 도시로 들어가는 입구가 보였다. 갑자기 힘이 솟았다. 이끌리듯 도시를 향해 걸음을 재촉했다. 두브로브니크는 아드리아해가 푸른 물감으로 밑그림을 그려놓은 곳에 웅장한 회색 성벽과 붉은 지붕이 조화를 이루고 있는 걸작처럼 보였다.

　나는 그 작품으로 걸어 들어갔다. 그곳에서 제일 먼저 눈에 띈 것은 도시 전체를 둘러싸고 있는 성벽이었다. 나는 망설이지 않고 그곳으로 올라갔다. 성벽은 그리 높지는 않았지만, 위에 올라가니 도시 전체가 한눈에 들어왔다. 성벽을 따라 걸었다. 붉은 지붕들 사이로 맑은 청록색 바다가 보였다. 아담한 도시 풍경을 보며 이 도시에 사는 사람들은 어쩌면 행복할지도 모른다고 생각했다. 작고 조용한 중세를 닮은 도시를 보자 이유도 없는 안도감이 몰려왔다. 갑자기 마음이 편안해지는 것 같았다. 성벽 중간중간에 도심 중앙광장으로 내려갈 수 있는 계단이 있었다. 하지만 도심으로 내려가지 않고 도시 전체를 한 바퀴 돌아볼 생각으로 계속 걸었다. 바다와 가장 가까운 곳에 이르렀을 때 걸음을 멈췄다. 성벽 중간에서 도심으로 내려가는 관광객들이 대부분이어서 그곳은 한적했다.

콘크리트로 되어 있는 성벽 귀퉁이에 앉았다. 바다를 보았다. 태양이 스르지는 시간이었다. 태양의 마지막을 하늘과 바다가 온몸으로 받아내고 있었다. 모든 것이 붉었다. 하늘도, 바다도, 마지막으로 치닫는 태양도, 두브로브니크의 지붕들도, 그리고 정리되지 않은 내 마음도.

"흐음."

나도 모르게 감탄사와 한숨을 동시에 토해냈다. 내가 처한 현실을 생각하자 조금전 도시를 보며 느꼈던 편안했던 마음이 불안으로 바뀌었다. 이대로 괜찮을까? 다시 집으로 돌아가야 하나? 남은 돈으로 얼마나 버틸 수 있을까? 다른 곳에서 일자리를 구할 수 있을까? 질문만 남은 마음으로 태양이 지고 있었다. 빛의 시간이 끝나자 어둠의 시간이 시작되었다. 가로등이 하나둘 켜지는 어둑해진 도시가 신비스러워지고 있었다. 생각에 잠겨 앉아 있던 나는 벌떡 일어섰다. 아직 잘 곳을 정하지 못했다는 생각이 머리를 스치고 지나갔기 때문이었다. 가방을 털고 나서 어깨에 멨다.

"이 도시 어떤가?"

갑자기 튀어나온 목소리에 깜짝 놀랐다. 돌아보니 낮에 언덕에서 본 남자가 서 있었다. 왠지 모르지만, 그의 두 번째 출현이 반갑게 느껴졌다.

"이곳 어떻게 생각하나?"

그가 다시 물었다.

"시간이 멈춘 것 같아요. 하아… 나도 이곳처럼 멈추고 싶어요."

복잡하고 괴로운 속마음이 한숨과 함께 툭 튀어나왔다. 나는 당황하여 고개를 숙였다. 이를 악물고 참고 있었던 마음을 입 밖에 꺼내 놓으니 감정이 생생해졌다. 정말 아무것도 하지 않은 채 멈춰있고 싶다는 생각이 들었다. 갑자기 눈물이 쏟아졌다. 나는 그것을 숨기려고 고개를 숙였다. 그런 내 마음을 읽었는지 그의 발끝이 내가 진정되기를 기다리고 서 있는 게 보였다. 한참 후 고개를 들자 파란 눈이 깊게 나를 쳐다보았다.

"멈추고 싶을 만큼 힘든 일이 있나 보군."

나는 대답하지 않았다.

"잠깐 같이 걸어도 될까?"

복잡한 감정 때문에 그의 물음에 긍정도 부정도 하지 않았으나 우리는 어느새 발을 맞추고 함께 걷고 있었다.

"멀리서 왔다면 일본에서 왔나?"

나는 아니라고 대답하고 한국에서 왔다고 했다.

"그렇군. 한국은 일본 옆에 있지. 나의 어머니는 일본 분이셨어."

그 말을 들으니 그와 가까워진 기분이었다. 물리적으로 가까워지면 마음도 가까워진다는 이야기가 생각났다. 마치 그가 일본 사람처럼 느껴졌다. 그가 내게 저녁 식사를 했는지 물었다. 저녁이라는 말에 아침에 먹은 빵과 커피가 온종일 먹은 것의 전부였다는 것을 깨달았다.

"저쪽에 있는 식당 보이나?"

그가 가리키는 손끝에서 길게 선을 그어 먼 곳을 바라보았다.

"이 도시는 아무리 멀어도 걸어서 한 시간 안에 모든 게 해결될 만큼 작지. 저기 숲 사이에 있는 불빛 보이나? 우리가 가려는 곳이 저기라네."

그가 말하는 곳은 도심에서 약간 벗어난 어둠 때문에 섬처럼 보이는 곳을 말하는 것 같았다. 하지만 정확히 그곳

200

인지는 묻지 않았다. 다른 곳과 달리 유난히 주황빛 불빛이 빛나고 있는 곳을 말하는 것 같다고 추측했다. 그곳은 불빛의 색감 때문인지 아늑하게 보였다.

"그러고 보니 우리는 서로 이름도 모르는군. 나는 닉이야."

"나는 성현이라고 해요. 하지만 로즈라고 불러주세요. 프랑스 사람들이 내 이름을 발음하기 어렵다고 그렇게 부르더군요."

"성훈, 그렇군. 로즈가 낫군."

그가 손을 턱에 대고 고개를 끄덕이며 말했다. 나는 그것이 그의 버릇일지도 모른다고 생각했다. 그는 성벽 위에서 천천히 걸음을 옮기면서 자신의 아버지가 영국 사람이라는 것과 열세 살 무렵 부모님이 이혼한 이야기를 했다.

"아버지는 어머니의 결벽이 힘들었다는 이야기하셨지. 마치 좁은 벽장에 갇힌 느낌이었다더군. 이혼 후 아버지는 오랫동안 집을 치우지 않았어. 어머니의 강박에 시달렸던 아버지는 모든 규율을 없애기로 한 것처럼 보였어. 심지어 할 수 있는 한 규칙을 지키지 말라고까지 이야기했지. 인간이 가장 인간다워지려면 자유로워야 한다면서. 덕분에 나 역시 가장 중요한 가치를 자유에 두게 되었지."

그가 낮은 톤으로 천천히 이야기하는 모습이 이 도시와 잘 어울린다고 생각했다. 오래되어도 여전히 고풍스러움을 잃지 않는 이 도시처럼 그는 나이 든 사람만이 가질 수 있는 품위를 지니고 있었다.

우리는 성벽을 내려와 도심 쪽으로 걸어갔다. 나는 관광객들 사이를 빠져나오면서 그의 옆에서 떨어지지 않으려고 가끔 걸음을 빨리했다. 미로처럼 구불거리는 골목을 벗어나자 바다가 나왔다. 바닷가에는 식당이 즐비했다. 거기에서 고기 굽는 냄새와 특유의 소스 냄새가 진동했다. 가끔 커피 향까지 풍겨오자 갑자기 극도의 허기를 느꼈다. 우리가 걸어가는 동안 그에게 인사를 건네는 사람들이 있었다. 그는 그들과 인사를 하기도 하고 잠깐 멈춰 서서 이야기하기도 했다. 나는 그와 함께 가는 것이 옳은지에 대해 생각해 보았다. 하지만 결론을 내리기도 전에 바닷가 레스토랑에 도착했다.

식당은 작은 동산 위에 지어진 것 같았다. 도시에서 약간 벗어나 있어 마치 섬처럼 보이기도 했다. 건물은 한 가족이 한 공간을 이용할 수 있게 분리된 공간들로 연결되어 있었는데, 통유리가 바다를 향해 나 있었다. 처음부터 식당을 염두에 두고 지어진 듯했다. 바깥에는 나무와 바위와

임의로 설치된 칸막이를 이용하여 테이블을 놓아두었다. 하얀 식탁보가 덮여 있는 테이블 위에 작은 꽃병과 공예품이 놓여 있었다. 손님이 없는 테이블에 흰 식탁보가 덮인 것을 보자, 그것이 예의를 갖추고 손님을 기다리고 있는 것처럼 보였다. 그는 식당 안을 가로질러 맞은편 문으로 나갔다. 그곳에도 테이블이 있었다. 바로 옆에는 바닷물이 낮게 찰랑거리고, 나무들 사이에 가려진 공간이 사생활을 보호해야 하는 사람들이 바다를 즐기기에 안성맞춤인 곳으로 보였다. 그가 의자를 빼고 서서 내가 앉기를 기다렸다. 나는 익숙하지 않은 매너에 어색함을 느꼈다. 우리가 자리에 앉자 곧 음식이 나왔다.

"내가 미리 말해서 준비한 것이니 먹도록 하지."

수프를 떠서 입에 넣자 배가 더 고파졌다. 나는 급하게 먹기 시작했다.

"그런데 아까 바위에 앉아서 무슨 생각을 하고 있었나? 내가 언덕에 있는 카페에 들어가서 커피를 마시며 지켜보고 있었는데 한참을 움직이지 않고 있던데?"

막 나온 샐러드를 포크에 찍어 입에 넣었을 때 그가 말했다.

"바람을 느끼고 있었어요."

싱싱한 양상추를 씹고 있던 나는 조금 빨리 삼키고 대답했다.

"느끼고 있었다?"

"네, 바람의 자유를 느끼고 있었어요. 눈을 감으니 바람이 얼마나 행복한 몸놀림으로 춤추고 있는지 보이더라고요. 바람은 자유예요. 자유는 사랑이고요."

나는 참지 못하고 다시 샐러드를 입 안 가득 넣고 우물거리며 말했다.

"그렇군. 그래서 그랬어."

그가 중얼거렸다.

"네?"

"아무것도 아니야. 나는 지금 내 마음에 일어난 일에 대해서 이야기한 거라네."

"아, 네."

나는 그의 마음에서 일어난 일이 어떤 것인지 몰랐지만, 궁금하지 않았으므로 더 이상 묻지 않았다. 그때 웨이터가 스테이크 내려놓았다. 나는 그것을. 그것을 썰어 입에 넣었다.

"나는 인간이 가치 있으려면 완전한 자유 속에 있어야 한다고 생각하고 있다네. 어쩌면 우리는 영혼이 닮은 사람일 수도 있겠어."

그는 내가 먹는 모습을 지켜보며 계속 말했다. 나는 손 짓으로 먹으라고 권했다. 그러나 그는 먹는 것에는 관심이 없는 것처럼 보였다.

"혹시 결혼했나?"

"아뇨."

"그러면 혹시 미성년잔가?"

조금 있다가 다시 물었다.

"아니에요."

"그럼 우리 둘의 만남을 방해할 만한 요소가 전혀 없 군."

"네?"

"나 역시 솔로이고 성인이라네."

"아."

나는 감탄사처럼 짧게 말했다.

"내가 이상하게 보이나?"

"조금요."

그는 턱에 손을 괴고 생각에 잠긴 자세로 고개를 끄덕였 다. 나는 그의 그런 모습을 보며 그게 버릇인 게 확실하다 고 결론을 내렸다.

그때 누군가 우리 곁으로 다가와 인사를 했다.

"하이, 닉."

"어서 오게. 에드워드."

"인사들 하지. 여기는 로즈, 이쪽은 나의 오랜 친구 에드워드."

"안녕하세요."

그의 친구를 보니 노인처럼 보였다. 어쩌면 닉이 내가 생각한 것보다 나이가 많을지도 모른다는 생각이 들었다.

"잠깐 실례할게요."

나는 아직 자야 할 곳을 정하지 못했기 때문에 식당 주변을 둘러볼 생각이었다. 식당에서 나와 천천히 걸으며 도시와 바다를 구경했다. 바다는 밤하늘을 고스란히 받아들여 검은 바다가 되어 있었다. 도시의 불빛이 바다에서 여러 가지 색으로 선을 그리며 어른거렸다. 사람들이 춥지도 덥지도 않은 가을 밤을 즐기고 있었다. 방파제에 앉아 다리를 흔들며 서로에게 기대고 있는 연인들의 모습도 눈에 띄었다. 그들을 지나쳐 터널처럼 생긴 짧은 굴을 지났다. 그런 다음 왼쪽으로 꺾었다. 그랬더니 갑자기 한적해진 골목에 식당 서너 개가 보였다. 거기에도 사람이 많았다. 그 옆에 자그마한 건물에 호텔 간판이 눈에 띄었다. 나는 그곳으로 갔다, 건물 1층은 식당이었고, 2층에 프런트가 있었다.

"어서 오세요."

호텔 주인으로 보이는 남자는 문 열리는 소리를 듣고 인사를 했다. 몸을 굽힌 상태로 말했기 때문에 사람이 보이지 않았다. 조금 후에 무언가를 힘겹게 주운 남자가 천천히 몸을 돌려 나를 보더니, "오, 젊은 아가씨, 정말 예쁘군요. 나도 한때 젊은 시절이 있었지. 그때는 아가씨와 어울릴만한 몸이었어. 하지만 지금은, 글렀어." 하며 쌕쌕거리는 숨소리가 섞인 목소리로 한꺼번에 많은 말을 쏟아냈다. 나는 그 많은 말 중에 어떤 말에 무슨 대답을 해야 할지 몰라 어색하게 미소를 짓고 서 있었다.

"오, 세상에나, 미소도 아름답군."

나는 그의 말에 어깨를 으쓱하고는 방이 있냐고 물었다.

"있고말고요. 이쪽은 바다가 보이는 방이고, 저쪽은 지붕 사이로 두브로브니크 광장을 볼 수 있지요. 아가씨는 어느 방을 원하나요?"

나는 광장 쪽이 좋겠다고 말했다.

"정말 좋은 생각이군요. 여기 이것 좀 작성해 주시겠어요?"

남자는 체크인을 위해 작성해야 할 서류를 내밀었다.

"잠깐만요. 제가 식당에 가방을 두고 왔거든요. 얼른 가서 가지고 올게요."

주인 남자는 내가 호텔이 작아서 결정을 못하고 있다고 생각한 모양이었다. 남자는 바다가 보이는 방이 깨끗할 뿐 아니라 다른 곳보다 가성비가 좋다고 이야기했다. 그리고 간단하지만, 아침 식사가 있다는 설명을 덧붙였다.

"저는 이곳이 마음에 들어요. 작고 아담해서 더 좋은걸요."

"꼭 오세요."

"네, 그럴게요."

나는 진심으로 말했다. 그리고 가방을 가져오기 위해 식당으로 돌아왔다. 닉과 저녁 식사를 하던 자리 가까이 다가갔을 때였다. 나무에 가려져 보이지는 않았지만, 닉의 친구 에드워드가 흥분해서 이야기하는 소리가 들려왔다.

"오늘 만난 동양 여자아이에게 특별한 사랑을 느낀다고? 말도 안 되는 소리. 그 여자가 어떤 사람인 줄 알고 그런 말을 하는 건가? 그 여자가 아름답긴 했어. 하지만 여기에도 젊고 예쁜 여자는 얼마든지 많아. 그런데 처음 본 동양 여자를 왜? 나는 이해가 되지 않을 뿐 아니라 자네가 무모해 보이기까지 하네."

"내 어머니도 동양인이야. 그리고 나는 세 번이나 결혼에 실패했네. 하지만 이번에는 다른 느낌이 들어."

닉이 말했다.

"그러니까 내가 이렇게 충고를 하는 거야. 왜 하필 그런 위험부담이 있는 만남을 시작하려고 하는가 말일세."

에드워드의 목소리가 커졌다.

"나도 이제 늙었어. 재산을 남길만한 곳도 없지 않은가. 하나밖에 없는 아들은 나를 원망하며 떠돌아다니고 있고. 이제 나는 남은 삶을 자유롭게 살고 싶을 뿐이라네. 아무것에도 구속받고 싶지 않다네."

"그러니까 내 말이 그 말이네. 자유롭게 살라는 거네. 새로운 만남으로 고통받지 말고."

닉의 말에 그의 친구는 강조하듯이 또박또박 말했다.

"그녀와 만남은 이제까지 다른 만남과는 다른 것이네."

"답답하구먼. 오늘 봤다고 하지 않았나? 마치 자네는 그녀와 일 년을 만난 것처럼 이야기하고 있다는 걸 알고 있나. 혹시 그 여자가 자네가 가진 재산을 노리는 건 아닌가?"

"무슨 소리. 그녀는 내 재산에 대해서 뿐 아니라, 나에 대해서도 아무것도 몰라. 그리고 가장 중요한 건 그녀가 내 마음을 받아줄지도 알 수 없는 상황이라는 거네."

그들의 이야기가 계속 오갔다. 그들의 이야기를 들으며 닉이 내게 호감을 느낀다는 사실이 왠지 모를 안도감으로 다가왔다. 그가 정말 막대한 자산가라면? 그렇다면, 나를 고통스럽게 하던 인생의 마지막이 달라질 수 있을지도 모른다. 내가 돈을 벌기 위해 한국에서 애썼던 일과 프랑스에서 수모를 당했던 일이 생각났다. 가슴이 쿵쾅거렸다. 그를 경계하던 마음이 사라지고 있었다. 나는 마음을 숨기고 그들이 이야기하고 있는 자리로 걸어갔다. 나를 본 두 사람이 입을 다물었다.

"두브로브니크의 밤은 정말 아름다운 것 같아요."

나는 짐짓 아무것도 모르는 사람처럼 명랑한 목소리로 말했다.

"이곳은 정말 아름다운 곳이지. 내가 두브로브니크에 자리를 잡은 이유 중 하나가 아름다운 풍경 때문이지. 가장 첫 번째 이유는 스르지 언덕의 바람 때문이고."

닉이 내 말에 대답하는 것을 본 에드워드가 자리에서 일어나며 말했다.

"내 충고 가볍게 여기지 말게."

"걱정하지 말게. 내 일은 내가 알아서 할 테니… 자네 진심 고맙게 받겠네."

에드워드는 나에게 가볍게 묵례를 한 다음, 빠르게 식당을 걸어 나갔다. 그의 태도 때문인지 어쩌면 에드워드가 좋은 사람일지도 모른다는 생각이 들었다.

"충고요?"

에드워드가 나가는 뒷모습을 지켜보며 그에게 물었다.

"신경 쓸 것 없어. 내 인생에 충고할 사람은 이 세상에 아무도 없어. 나는 오직 나를 믿을 뿐이야."

그는 뭔가 결심한 듯한 표정으로 나를 바라보며 말했다.

"오늘 우리 집에 초대하고 싶은데 어떤가?"

"초대요? 조금 전에 호텔을 알아보고 왔어요."

"나는 봄부터 가을까지 요트에서 살고 있지."

그는 내 말을 듣지 않고 자신의 이야기를 했다.

"요트요? 거기에 사는 것 불편하지 않나요? 좁을 텐데요."

"그곳은 집만큼이나 안락해."

"거기가 당신 집인가요?"

"집은 저쪽 언덕에 있지. 하지만 그곳은 겨울에만 머무는 곳이야. 나는 언제든 떠날 수 있는 배 위에 사는 게 좋아. 완전한 자유 같거든. 나와 같이 그곳에 갈까?"

그가 같이 갈까? 하고 물었을 때, 나는 앞으로 일어날 일의 부정적인 부분은 생각하지 않으려고 노력했다. 아니 그가 가진 재력이 다른 모든 감정을 보이지 않는 곳으로 눌러 버렸다고 표현하는 게 맞을 것이다. 아무것도 생각하지 않기로 했다. 그가 내 가방을 메고 앞서 걸어가는 것을 지켜보던 나는 이내 그 뒤를 따라 걸어갔다.

그의 요트는 정렬된 다른 요트들 사이에 있었다. 요트는 내가 상상했던 그런 배가 아니었다. 새로 산 것처럼 보이는 요트가 크고 화려하게 반짝이고 있었다. 나는 눈이 휘둥그레졌다. 그가 미소를 짓고 있었다. 둘러봐도 되냐고 물었다.

"물론이지."

요트의 맨 위쪽은 여러 사람이 둥글게 앉을 수 있는 소파가 니은 모양으로 놓여 있었다. 그가 테이블 밑 부분을 열었을 때, 이곳이 파티를 위한 공간이라는 것을 알 수 있었다. 파티가 열린다면 이곳에 온 사람들은 온전히 바다를 즐길 수 있도록 완벽하게 준비가 되어 있었다. 우리는 잠깐 소파에 앉아 바다를 보았다. 나는 여기가 현실이 아니라 미래 같다고 말했다. 내 말에 그가 말없이 웃고만 있었다. 요트는 두브로브니크와 섬 사이에 바람의 영향을 많이 받지 않은 곳에 정박해 있어 흔들림이 거의 없었다. 요트 위에서 들리는 파도 소리는 아이들이 발로 물장구치는 소리처럼 작게 들렸다. 그가 안으로 들어가 보자고 말하고 일어서서 걸어갔다. 나는 그의 뒤를 따라 계단을 내려갔다. 그곳은 일반 가정의 거실처럼 보였다. 바다가 보이는 창문 쪽을 조금 높여서 무대처럼 만들어둔 곳에 기타와 피아노가 놓여 있었다. 그 옆으로 사이드 테이블이 놓여 있었고, 분리된 주방도 보였다. 나는 내가 상상력이 부족했는지 아니면 경험 부족인지 그것도 아니면 이런 것과 비슷한 것도 누려보지 못한 경제력의 부족 때문인지 단 한 번도 생각하지 못한 새로운 세계가 펼쳐져 있는 것에 깜짝 놀라고 있었다.

그가 방으로 안내했다. 요트에는 방이 세 개가 있었다. 처음 방문을 열자 베르사유 궁전의 일부가 들어온 듯한 느낌이 드는 화려한 방이었다. 나는 방에 들어가 매끈한 침대 부분과 장식장을 손으로 쓸어보기도 하고 화려한 가구를 만져보기도 했다. 방 안에는 은은한 허브 향이 가득했다. 두 번째 방을 열었더니 흰색조로 꾸며져 있었다. 방은 호텔처럼 잘 정리되어 있었고 거기에 딸린 화장실이 또한 깨끗했다. 세 번째 방을 열려고 하자 문이 잠겨 있었다. 그는 이곳이 자신의 사적인 공간이므로 이곳만큼은 열지 않았으면 좋겠다고 말했다. 나는 그러겠다는 뜻으로 고개를 끄덕였다. 그곳은 아마 그가 사무실로 이용하는 공간인 모양이었다. 나는 잠긴 문을 힐끗 쳐다보고 거실로 갔다. 그가 내게 웨이터 같은 손짓으로 거실 소파에 앉기를 권했다. 나는 푹신한 소파에 앉았다. 그의 세심한 배려 때문인지 왠지 귀한 사람이 된 기분이었다.

그가 주방으로 가더니 군더더기 없는 몸놀림으로 와인 병과 치즈를 가져와 테이블 위에 놓았다. 그리고 웨이터가 손님을 위해 와인병을 열듯이 코르크 마개를 돌려서 땄다. 그가 잔에 와인을 따랐다. 피를 닮은 음료가 잔에 채워지면서 소리를 냈다. 그는 다른 잔에 한 잔 더 따르고 나서 내게 잔을 건넸다.

"우리의 특별한 만남을 위해."

그가 내 어깨에 손을 두르며 잔을 건드렸다. 잔에서 경쾌한 소리가 났다. 나는 그의 손길에 몸이 굳는 것을 느끼며 긴장을 풀기 위해 재빨리 와인을 마셨다. 그러자 그가 빈 잔에 와인을 다시 따랐다. 내가 다시 와인 잔을 들고 마시려고 하자, 그가 손을 잡았다.

"긴장하고 있군."

그가 내게서 눈을 떼지 않고 말했다.

"당신의 검은 눈은 정말 매력적이야. 나를 잡아당기는 것 같아. 마치 블랙홀처럼."

그는 거침없이 자신의 감정을 표현했다, 나는 그의 자유로운 표현을 어떻게 받아들여야 할지 몰라 당황스러웠다. 나처럼 웅크리고 자란 사람은 자신의 마음이 어떤 상태인지 혹은 자신이 뭘 원하는지조차도 모를 때가 많다. 그것은 평소 감정을 눌러놓고 감정을 느끼지 않으려고 했기 때문일 것이다. 그의 눈빛을 보며 생각했다. 그가 나를 바라보는 저 눈빛이 과연 사랑일까? 어떤 사람들은 순간에 격한 감정을 사랑이라고 한다. 그것이 사랑이라면 그는 내게 사랑을 보내고 있는 거다. 아마 지금, 이 순간에 나를 향한 그의 마음은 진심일 것이다. 나는 내 마음을 확인하지는 않았다. 아니 내가 진심으로 원하는 게 무엇인지 알지 못했다고 표현하는 게 맞을 것이다. 그 순간 내가 할 수 있는 일은 오직 그의 마음을 긍정적으로 보려고 노력하는 것뿐이었다.

"난 이곳이 좋아."

그는 잔에 있던 와인을 반쯤 마시고 나서 말했다.

"물론 저쪽 언덕에 집도 안락하지. 몇 년 전까지만 해도 아들이 그곳에서 살았지. 하지만 지금은 아무도 살고 있지 않아. 관리인이 그곳을 관리해 주고 있지."

"아드님은 지금 어디에 있나요?"

"얼마 전까지 병원에 있다가 나왔는데 지금은 연락이 끊겼어. 언젠가는 돌아오겠지."

나는 그가 그랬던 것처럼 턱에 손을 얹고 고개를 끄덕였다.

"나는 나를 믿지. 오늘 당신을 보자마자 느낀 나의 감정 또한 내 것이니 믿기로 했네. 우리는 오래전부터 연결되어 있었던 게 틀림없어. 내 감정이 이토록 격해지는 것을 보면."

그가 술 한 병을 더 들고 왔다. 그리고 그것으로 부족했는지 얼음과 위스키까지 들고 왔다. 우리는 계속 술을 마셨다. 취기가 올라와 숨소리가 거칠어지고 몸이 흔들리는 것을 느꼈다. 그가 다가왔다. 나를 안는 그의 손길은 부드러웠다. 그가 내 입술을 찾았다. 그가 내 입술을 열게 하고는 머금고 있던 차가운 위스키를 내 입으로 흘려보냈다. 나는 비틀거리며 그에게 몸을 맡겼다.

"내 가슴은 지금 무엇보다도 당신을 원하고 있어. 당신도 나를 원하지?"

그의 물음에 나는 고개를 끄덕였다. 그가 나를 안고 두 번째 보았던 방으로 들어갔다. 그가 내 옷을 벗길 때 움찔했다. 그는 경직되는 내 몸을 느꼈을 것이다. 나는 남자 경험이 없는 것을 숨기고 싶었다. 능숙한 여자처럼 보이고 싶었다. 그는 서두르지 않았다. 내가 그를 받아들인 준비가 될 때까지 기다렸다. 요트가 파도에 흔들렸다. 잔잔하던 바다에 한차례 거센 풍랑이 일었다. 태풍의 흔적이 침대보에 묻었다. 빨간 첫 경험의 흔적으로. 그것 역시 나를 묶고 있던 끈 중의 하나일 것이다. 부모님의 신앙으로 지켜낸 그것은 늘 곤혹스러운 것이다. 이곳에서 첫 경험의 흔적은 하잘것없는 버려질 플라스틱 조각 같은 것에 불과할 것이다. 나는 알 수 없는 깊이로 침잠하는 감정과 격하게 솟구치는 감정이 충돌하는 것을 느꼈다. 울음이 터졌다. 그가 오랫동안 안아주었다. 내가 욕조에 들어가 있는 동안 그가 시트를 간 모양이었다. 침대로 가자 침대는 아무 흔적도 없이 깨끗했다. 그날 밤 그의 품에서 이제까지 한 번도 경험한 적 없는 아주 깊은 잠 속에 빠져들었다. 마치 물 위나 구름 속에서 무게 없이 누워있는 것과 같은 잠이었다. 그것은 묶인 끈에서 풀려난 자유로움일지도 모른다.

눈을 뜨니 새벽이었다. 요트가 흔들리고 있었다. 유리창

너머를 보았다. 하지만 안개 때문에 바다가 보이지 않았다. 끝을 알 수 없는 희뿌연 해무가 바다를 뒤덮고 있었다. 그것을 보며 어쩌면 내 인생이 재정비되고 있을지도 모른다고 생각했다. 새로 시작되는 인생이 있다면 끝을 알 수 없는 세계였으면 좋겠다고 생각했다, 인생의 뒷부분을 연극 무대 위 커튼 뒤에 숨겨두고 영원히 열고 싶지 않았다. 그러면 절망이라는 게 없을 테니까.

옆에 누워있는 남자를 보았다, 그가 내 인생에 들어왔는지, 아니면 내가 그의 인생으로 들어간 것인지 궁금했다. 어쩌면 우리는 서로에게 들어가지 않았을지도 모른다는 생각이 들었다.

내가 움직이는 기척에 그가 잠을 깼는지 돌아누우며 속삭이듯 말했다.

"나는 어젯밤 왠지 너의 전부를 가진 느낌이야. 나를 처음 받아들인 사람이라니."

잠들어 있는 줄 알았는데 그는 잠이 깬 목소리로 말했다.

"아무 말도 하지 말았으면 좋겠어요. 이곳에서 경험 없음이 얼마나 수치스러운 일인지 알고 있으니까요." 하고 내가 말했다.

나는 신성한 선물을 받은 느낌이야."

그는 내가 자책하는 듯한 태도를 보이지 않았으면 좋겠다고 했다. 내가 그에게 얼마나 특별하게 보이는지, 자신이 나를 얼마나 사랑하는지 알았으면 좋겠다고 했다. 그래서 내가 이곳에서 함께 살기를 원한다고 했다.

"진심이세요?"

그가 진지한 눈빛으로 나를 바라보았다, 그래서일까? 나는 그의 품에서 이제까지 경험하지 못한 따뜻함과 안정감을 느꼈다. 어쩌면 그가 가진 물질적 부를 이미 알고 있었기 때문에 그런 느낌을 받는 것인지도 모른다. 나는 그의 제안을 받아들였다.

그와 함께 하는 요트에서 생활은 평화로웠다. 아침에 일어나 그와 함께 식당에 가서 식사하고, 우리는 함께 스르지 언덕에 올랐다, 오랫동안 아드리아해를 내려다보고 바람을 느끼고 함께 걸었다. 시간이 흐르지 않는 것 같았다. 풍요로움이 가득 찬 시공간은 아무것도 흘러가고 있지 않는 것처럼 보였다. 나는 그때 사랑을 닮은 기쁨 안에 머물고 있었다. 가끔 그와 함께 다른 도시로 여행을 다녀왔다. 그는 무엇이든 사 주고 싶어 했고, 언제나 필요보다 많은 것을 사주었다. 그가 준 돈을 부모님에게 보냈다. 그것으로 나는 마음의 짐을 조금 덜 수 있었다.

몇 주 후 그가 청혼했다. 망설이는 내게 혼전 계약서를 내밀었다. 나는 거기에 이혼 후 위자료에 대한 부분과 재산 분할을 미리 정하는 내용이 있을 거라고 예상했다. 하지만 나의 추측은 빗나갔다. 거기에는 단 한 가지 조건만 있었다. 오픈 메리지. 즉 결혼 생활에 상대방의 모든 자유를 허용한다는 조건이었다. 이성 관계까지도. 서로에게서 완전히 자유로운 상태 그것이 그의 결혼 조건이었다.

"자유롭게 살고 싶으면 나는 결혼하지 않고 여자 친구로 당신 옆에 있을게요."

"이곳은 폐쇄적인 곳이라 여자 친구와 부인이 다른 대접을 받지. 나는 당신이 함부로 대접받기를 원하진 않아. 그리고 무엇보다 나는 당신을 사랑해. 그렇기 때문에 청혼을 한 것이고."

결혼해도 내가 원하던 묶이지 않는 삶이라고? 관습은 변하기 마련이다. 삶에서 옳다고 여겼던 것들이 시간과 따라 혹은 장소가 변함에 따라 다른 의미가 되는 경우가 얼마나 많은가. 조선시대에 머리카락을 자르기를 거부하고 대신 목을 내놓았던 사람들은 그 당시에는 자신의 선택이 가장 옳은 일이었으며 진리라고 생각했을 것이다. 그러나 시간이 지나고 나면 옳다고 믿었던 그 일의 의미는 선도 악도 아니며 심지어 무의미하기까지 한 일이지 않은가. 그가 오픈 메리지를 이야기했을 때, 그가 시대를 앞선 자일지도 모른다고 생각했다. 그렇다면 나를 망설이게 하는 모든 것은 무의미한 관념에 불과할지도 모른다. 영원한 선도 영원한 악도 없다. 모든 게 관념일 뿐이다. 그렇게 생각하니 망설일 필요가 없었다. 나는 결혼을 승낙했다.

우리는 요트에서 결혼식을 올렸다. 그의 유일한 핏줄인 아들은 오지 않았고, 나 역시 가족에게 결혼 소식을 알리지 않았으므로 결혼식에는 그의 지인 몇 명만이 참석했을 뿐이었다. 그는 작지만, 아름다운 결혼식을 준비했다. 덕분에 나는 결혼식의 완전한 주인공이 되었다. 가슴이 벅찰 만큼 감동적이었다.

＊

두브로브니크에서 새롭게 시작된 삶은 자유롭고 평화로웠다. 그가 이 작은 도시에 이뤄놓은 입지는 꽤 탄탄했다. 그는 영국에서 건너왔지만, 이곳 사람들과 두터운 친분을 쌓아두고 있었다. 동유럽 특유의 폐쇄적인 기질이 다른 나라 사람들을 잘 받아들이지 않는데도 불구하고 내가 그곳에서 적응하는 일에 어려움을 겪지 않았던 것은 그곳에 이미 형성해 둔 그의 영향력 덕분이었다. 그는 생각했던 것보다도 훨씬 부자였다. 그는 여러 개의 레스토랑과 호텔을 가지고 있었으며 영국과 이탈리아에서도 사업을 하고 있었다. 부모님이 남긴 재산이 영국에 고스란히 남아있었고, 싱가포르에 있는 여동생에게도 많은 재산을 나누어주었다는 사실도 알게 되었다. 그가 주는 큰 금액의 돈을 어찌할 바를 몰랐던 나는 차츰 돈 쓰는 일에 익숙해졌다. 풍족한 삶이 주는 낯선 풍족함이 가끔은 불안을 만들었다.

작은 도시에서 갈 곳이 많지 않았다.

나는 가끔 노천 시장에 나가서 물건들을 구경했다. 그곳에서 장사하는 노부부를 알게 되었다. 린다와 마르코였다. 그들은 아마 이 시장에서 나이가 가장 많을 것이다. 린다는 칠십 대 중반으로 보였고, 마르코는 구십을 넘었을 것이다. 하지만 그들의 나이는 내가 추측한 것이고 실제 나이는 그것보다 적을 수도 있다. 키가 작은 린다는 종이를 구겼다 펴 놓은 것 같은 얼굴로 늘 생글거렸다. 흰 머리카락 때문인지 그녀의 웃음이 하얗게 보였다. 린다 옆에는 언제나 키가 190센티미터가 넘어 보이는 마르코가 말없이 굽은 허리로 린다의 명령을 기다리고 있었다. 린다가 관광객들이 원하는 물건을 바구니에 담아 마르코에게 건네면 그는 물건을 포장해서 다시 그녀에게 돌려주었다. 그것을 받은 린다가 손님에게 물건을 건넸다. 그리고 받은 돈을 세어서 앞치마에 넣었다. 마르코는 말을 잊어버린 사람 같았다. 마르코가 말을 할 때는 아주 드문 일이었다. 아주 가끔 린다를 부를 때가 있는데 그것은 새로운 일을 결정해야 할 때였다. 그럴 때면 그는 아주 천천히 이야기했다. 나이는 모든 걸 느리게 만들었다. 나는 그 이유를 늙은 호흡 때문일 거라고 추측했다, 손님이 없을 때나 한가한 시간이면 마르코는 고개를 돌려 건물 사이에 있는 바다를 바라보고 앉아 있었다. 나는 마르코가 바라보는 것이 과거의 영화로웠던 어느 순간인지 아니면 미래의 자신을 바라보는 것인지 궁금했다. 어쩌면 그는 아무것도 바라보고 있지 않을지도 모른다. 그래, 맞다. 아무것도 바라보고 있지 않은 것이 틀림없다. 그러니까 저토록 평온한 모습일 수 있을 테지. 그의 초록색 눈을 보니 아드리아해가 끝없이 펼쳐져 있는 것 같았다.

나는 이상하게 그들의 낡은 가판대 옆에 앉아 있으면 마음이 편안했다. 거기에는 임대 아파트 같은 익숙함이 있었다. 그곳에 줄리앙이 가끔 찾아왔다. 뚱뚱한 몸으로 천천히 걸어와 처음 만났던 그때처럼 말이 많았다. 그는 언제나 나를 여신처럼 추앙하는 말을 늘어놓았다. 그것이 진심인지 그의 버릇인지 알 수 없었다. 하지만 쌕쌕거리는 그의 숨소리가 익숙해지기까지는 시간이 필요했다. 그들은 오래된 친구 같았다.

겨울이 왔다.

요트에서 생활을 끝내고 바닷가에 있는 집으로 들어갔다. 그곳은 이 층 집이었지만, 잘 손질된 정원이 아주 넓어서 마치 커다란 저택 같은 느낌이었다. 정원 바로 옆 담장 밖에 있는 작은 집에는 이곳을 관리하는 나이 많은 부부가 살고 있었다. 키가 작고 몸집이 작은 그들은 말투가 부드럽고 행동이 아주 조심스러운 사람들이었다. 그들은 우리가 올 것에 대비해 세심한 부분까지 신경을 써 두었을 뿐 아니라 며칠 전부터 난방을 해두었는지 집에 들어갔을 때, 오래전부터 살던 집에 들어온 느낌이 들었다. 집안에 들어서자 거실에서 보이는 바다가 발아래 있는 것처럼 가까웠다, 왼쪽을 보니 멀리 정원이 있는 집 몇 채가 눈에 들어왔고 오른쪽으로 고개를 돌리자 두브로브니크 일부가 보였다. 겨울이라 전체적인 색감이 무채색에 가까워 스산한 느낌이었다. 날씨가 추워져 밖에 나갈 일이 줄어든 나는 그곳에서 고립된 생활을 했다. 닉 역시 식당이 한산해졌으므로 며칠에 한 번씩 사업차 바깥에 나갔다 올 뿐이었다. 나는 린다와 마르코를 만날 일이 없었으므로 만나는 사람이라고는 닉과 그의 친구들 몇 명뿐이었다. 그들이 찾아오면 나는 그들의 대화에 끼지 않고 정원을 한 바퀴 돌거나 이층 거실에서 바다를 내려다보며 시간을 보냈다.

어느 날 닉의 친구들이 찾아왔을 때였다. 나는 그들과 인사를 한 후 정원을 한 바퀴 돌기 위해 밖으로 나왔다. 바람이 차가웠다. 한기를 느끼며 숄 하나 가져가려고 집 안으로 들어갔다. 닉이 친구들과 이야기를 나누고 있는 소리가 들렸다.

"자네는 이번 파티에 나오지 않겠군."

"왜지?"

닉이 물었다.

"결혼했으니까."

닉의 친구 중 한 명이 말했다.

"그게 무슨 상관인가? 나는 그 어떤 순간에도 자유로워야 한다고 생각하네."

"당연히 상관있지. 가정을 지키는 것이 결혼의 의무 아닌가?"

닉의 친구 중 한 명이 말했다.

"의무? 그게 무슨 소린가? 나는 그 어떤 순간에도 자유롭다네."

이야기하고 있는 닉과 눈이 마주쳤다.

"로즈에게 물어보게. 내가 그 모임에 가도 되냐고."

닉은 소파 근처를 지나고 있는 내 팔을 잡아당겼다. 그리고 소파에 앉은 채로 내 엉덩이에 팔을 둘렀다.

"돈 뺏길까 봐 결혼도 못 하고 있는 불쌍한 재벌 친구들에게 결혼이 얼마나 자유로운지 말해 줘, 로즈. 내가 파티에서 즐기고 와도 되겠지?"

내 얼굴을 빤히 처다보고 있는 친구들 앞에서 닉이 물었다.

"대답해 줘야겠는걸. 내가 다른 여자와 만나는 일에 대해 어떻게 생각하는지."

아래에서 올려다보는 닉과 눈이 마주쳤다. 그는 평소처럼 부드러운 눈빛을 보내고 있었다, 하지만 나는 그를 보며 마음에서 쿵 하는 소리를 들었다. 둔탁한 것으로 맞은 듯한 충격이 내 몸에 전류를 만들었다. 혼전 계약서가 생각났다. 그와 나의 자유가 보장된 서류. 그는 거기에 적어

놓았던 자유를 말하고 있는 것임이 틀림없다. 내 얼굴이 창백해진 모양이었다.

"닉, 그만하게. 자네 와이프 얼굴이 하얗게 질렸잖은가."

누군가 말했다.

"무슨 소리. 나는 허락을 받는 것이 아니라 나의 자유를 확인하는 중이라네. 얼른 말해줘야겠는 걸, 로즈."

닉이 내 엉덩이를 툭툭 두드리며 대답을 강요했다.

"물론이죠. 난… 괜찮아요."

나는 들숨을 깊게 들이마셨다가 뱉어내며 빠르게 말했다. 복잡한 마음을 들키게 될까 봐 아직도 엉덩이에 손을 두르고 있는 닉의 팔을 내리면서 미소를 지어 보였다. 그러고는 빠른 걸음으로 이 층으로 올라갔다. 소파에 무너지듯 앉았다. 눈앞에 보이는 바다가 회색빛을 띠고 있었다. 날마다 다른 색으로 변하는 바다를 보며, 닉도 어쩌면 스르지 언덕에서 만났던 그가 아닐지도 모른다고 생각했다. 닉이 혼전 계약서를 내밀었을 때, 나는 오늘과 같은 일은 현실에서 일어나지 않을 것으로 생각했던 걸까? 아니면 그에 대한 어떤 믿음이나 인간의 격 같은 것을 추상적으로 만들어두고 그것을 믿고 싶어 했던 걸까? 혼전 계약서에 사인을 하면서 만약 이런 일이 일어나면 이혼을 하면 되는 일이라고 생각했었다. 그렇다면 지금 나는 이혼을 원하는가를 생각해 보았다. 하지만 그의 경제력은 이미 빠져나오고 싶지 않은 웅덩이 속의 고인 물이 되어 있었다. 조금 전그가 자유를 말하며 부드러운 잔인함을 드러내던 장면을떠올렸다. 맞아, 자유였지. 나에게도 자유가 있었어. 그가자유를 확인했던 것처럼 나의 자유를 확인하면 될 일이야.나는 마음을 다잡았다. 그를 비난할 이유가 없었다. 그리고나에게 말했다. 관념에 사로잡힐 필요 없어. 잘못된 것처럼보이는 이 일도 시간이 지나면 그것은 아무것도 아닌 일이될 테니까.

그날 이후 닉은 다른 여자를 만나기 시작했다. 가끔 파티가 끝나고 여자를 집으로 데리고 오기도 했다. 그럴 때면 나는 마땅히 갈 곳이 없어 이 층에 머물며 여자가 가길기다렸다. 여자가 가고 나면 그는 여전히 나를 세상에서가장 사랑한다는 듯한 눈빛을 보냈다. 그는 언제나 친절하고 신사적이었으며 나를 배려했다.

"혹시, 이혼하고 싶은가요?"

나는 그의 완벽해 보이는 자유에 혼란을 느끼며 물었다.

"왜 그러지? 나는 당신을 여전히 사랑해. 무엇보다도 당신이 내 곁에 있기를 간절히 원하고 있어. 그리고 우리…

자유로워지기로 했잖아."

낙이 나를 안으며 말했다. 나는 그의 말을 믿을 수가 없었다. 그는 진정으로 자유를 얻은 사람인지를 생각해 보았다. 그의 자유는 어디까지를 말한 것인가. 경계를 넘어선 그의 아슬아슬한 자유가 나를 묶는 끈이 되어가고 있다고 느껴졌다. 나는 그의 생각을 다 알아차리기에는 모든 게 짧았다. 내가 살아온 삶도, 그와 함께 보낸 시간도. 그의 머릿속 생각을 이해할 수 있는 상상력도. 나는 행동에 걸림이라고는 없는 그의 진심을 알고 싶었다. 그러나 이 모든 것을 제쳐두고 가장 이해할 수 없는 것 중 하나는 내가 그의 품에서 안정감을 느낀다는 것이었다. 설마 오래된 고정관념에 사로잡힌 여자들처럼 그를 온전히 의지하려는 것은 아닌지 자신에게 물었다. 나는 거기에 대해 대답을 하지 못했다.

겨울이 끝나가고 있었다. 이 도시에 봄이 왔다는 소식을 가장 먼저 전해준 것은 늘어난 관광객들이었다. 우리는 다시 요트로 돌아왔다.

그는 겨울 동안 움직이지 못해서 답답했으니 베니스를 다녀오자고 제안했다.

그로부터 며칠 후 우리는 이탈리아를 향해 출발했다. 이

번 여행에는 항해사를 고용하지 않고 그가 직접 운항하기로 했다. 나는 넓은 바다를 바라보며 그에게 말했다.

"저기 좀 봐요. 바다와 하늘에 가득 차 있는 것을요. 저기 있는 자유만으로는 마음이 가득해지지 않나요?"

그의 등이 대답하지 않았다. 그에게서 깊이를 알 수 없는 해구를 느꼈다. 너무 깊어서 그 자신조차 깨닫지 못하는 마음속의 깊은 구덩이는 캄캄한 어둠을 닮은 모습이었다. 그것의 시작은 어디일까. 그것이 자신의 것만이 아닌 부모나 그 부모의 부모, 혹은 그 위의 조상들의 어떤 부분이라면, 그래서 자신의 것과 타인의 것들이 뒤엉켜 풀 수 없는 끈이 된 것이라면? 그렇다면 그가 강박처럼 자유를 말하지만, 절대로 자유로울 수 없음이 전제된 자유를 부르짖고 있는 것이다. 어쩌면 그는 영원히 자유롭지 못할지도 모른다는 생각이 들었다. 순간 두려워졌다.

베니스에 도착했다. 그가 익숙하게 요트를 정박했다. 그는 관광객이 적은 한적한 식당을 찾아가거나 카페에서 커피를 마시며 나와 함께 시간을 보냈다. 우리는 손을 잡고 바닷가를 거닐기도 하고 산마르코 광장을 돌아보기도 했다. 통곡의 다리를 거닐며 평범한 관광객들처럼 사진을 찍었다. 닉은 마치 겨울에 일어났던 일에 대해 용서를 구하는 것처럼 나에게 최선을 다했다. 부부라면 서로를 사랑하는 것이 당연하다는 오래된 관념이 행복이 되는 순간이었다.

우리가 베니스에 머문 지 일주일이 지났을 무렵 그가 저녁에 손님이 올 거라고 말했다. 닉은 베니스에 있는 자신의 매장을 둘러보고 올 거라고 말하고 밖으로 나갔다.

나는 명품매장을 둘러보았다. 가지고 싶은 것을 다 가질 수 있는 즐거움은 마약과도 같았다. 그를 만나기 전, 나는 작은 것을 가져도 만족했다. 하지만 이제는 최고의 물건을 가지게 되더라도 만족감은 오래 가지 않았다. 짧은 만족감 뒤에 몰려오는 결핍감. 그것을 보며 나는 인간에게 필요한 것은 물질이 아니라 그 이상의 무엇이라고 생각했다.

해 질 무렵 그가 젊은 남녀와 함께 요트로 돌아왔다. 그가 친구라고 말한 사람은 부부였다. 이십 대로 보이는 부부는 눈에 띄게 화려한 외모를 가지고 있었다.

"인사하지. 내 아내 로즈야."

나는 그들과 차례로 안으며 인사를 했다.

"부인이 미인이시네요. 검은 머리와 어울리는 피부가 매혹적이군요."

여자는 나를 훑어보며 말했다.

"그래요? 그런 생각을 한 적이 없어서 칭찬이 어색하군요."

내가 말했다.

"자신의 아름다움을 알지 못한다? 흠… 그건 정말 매력인데요."

나에게 집중된 분위기를 바꾸기 위해 혹시 의류 관련 일을 하냐고 말을 돌렸다. 닉이 두 사람 모두 모델이라고 했다. 어쩐지! 고개를 끄덕이며 그들을 다시 보았다. 여자가 큰 목소리로 이야기하는 동안에도 그녀의 남편은 말없이 와인을 마셨다. 여자는 오 년 전, 닉을 만나 모델 일을 시작했던 일을 회상하며 그때 있었던 에피소드를 늘여놓았다.

"그때 우리는 모든 게 서툴렀지요. 사회 경험도 없고 뭐가 뭔지도 몰라 실수가 잦았어요. 그런데 닉의 도움으로 우리는 이 모델 계에서 살아남았죠. 그렇지 않아? 안젤로?"

여자는 나를 쳐다보며 이야기하다가 자신의 남편을 바라보며 말을 마쳤다. 우리는 함께 식사하고 술을 마시며 즐겁게 보냈다. 꽤 늦은 시간인데도 그들은 돌아갈 기미가 보이지 않았다. 그때 내 옆에서 와인을 마시던 닉이 여자에게 다가가 그녀를 안고 오랫동안 키스를 했다. 나는 여자의 남편을 바라보았다. 남자가 나와 눈이 마주치자 별일 아니라는 듯 신경 쓰지 않은 얼굴로 어깨를 으쓱했다. 젊은 남자는 놀란 얼굴을 한 나를 보고 빙긋 웃기까지 했다.

"오픈 메리지라면서요?"

남자가 말했다.

"네?"

"우리도 그래요."

닉이 그 여자의 어깨에 손을 얹고 침실로 들어가는 것을 보고 있던 젊은 남자가 내게 다가와 키스를 하려는 듯 머리를 숙였다. 나는 손으로 그를 제지했다.

"왜죠?" 이해할 수 없다는 표정을 짓고 있는 남자를 두고 나는 요트 밖으로 나왔다. 그러게. 왜지? 나는 왜 자연스럽게 자유를 누리지 못하는지를 생각해 보았다. 어쩌면 그것은 지난 수 세기 동안 이어온 결혼에 대한 관념 때문일지도 모른다. 결혼하면 이래야 한다, 저래야 한다는 관념. 하지만 그것이 옳은지 아닌지는 아무도 모르는 일이다. 생각해보면 우리가 옳다 그르다 구분 지어 놓은 것 중에서 악이었던 것이 선으로 바뀌는 일이 허다하지 않은가. 나는 낡은 관념에서 완전히 벗어나지 못하고 묶여 있는 나를 비웃으며 걸음을 옮겼다.

어두운 베니스의 좁은 골목을 걸으며 생각에 잠겨 있었다. 늦은 밤이라 사람이 많지 않았다. 가로등에 기댄 채 키스하는 남녀가 보였다. 가까이 가서 보니 연인으로 보였던 사람은 남자들이었다. 서로에게 매달려 있는 저들은 오늘 처음 만났을지도 모른다. 그들이 서로를 갈망하는 모습을 한참 바라보았다. 저들의 자유와 나의 자유 그리고 닉의 자유를 생각해 보았다. 사람들은 자유라는 단어를 공통으로 사용하면서도 각자 가장 이기적이고 개인적인 자유를 말하고 있을지도 모른다. 나는 생각에 잠겨 걷다가 곤돌라가 있는 바다 쪽으로 가까이 가고 있다는 사실은 깨닫지 못하고 계단에서 미끄러지며 아래로 굴러떨어졌다. 다행히 운하로 떨어지지 않고 물기가 축축한 계단 아래에서 멈췄다. 나는 천천히 일어섰다가 미끈거리는 바닥 때문에 다시 넘어질 뻔했다. 다시 조심스럽게 일어서서 잡고 올라갈 만한 것이 있는지를 살폈다. 그러나 잡을 곳이 마땅치 않았다. 나는 어찌할 바를 모르고 넘어지지 않기 위해 엉거주춤 중심을 잡고 서 있었다.

"거기는 미끄러워서 다칠 수도 있어요. 이 손 잡아요."

어떤 남자가 한 손으로 난간을 붙들고 다른 손을 길게 뻗고 말했다. 나는 그가 어떤 사람인지 알 수 없어 두려웠

으나 다른 방법이 없어 그 손을 잡았다. 내게 손을 내민 남자는 선글라스와 마스크를 끼고 있어서 얼굴이 보이지 않았다. 그 모습을 보자 잡은 손을 놓고 싶을 정도로 무서웠다. 하지만 그는 내 손을 꽉 잡고 나를 놓지 않았다. 그가 힘껏 잡아당겼고 나는 위로 올라왔다. 내가 젖은 것을 보고 그는 가방에서 수건과 물병을 꺼내서 건네주었다. 이끼가 묻은 곳은 씻어내고 물기를 닦았다. 그 모습을 지켜보고 있던 남자는 정신을 차리라는 듯 내 어깨를 툭툭 치고는 자신이 가던 길을 걸어갔다. 뚜벅뚜벅. 자세히 보니 남자는 뚜벅뚜벅 걷는 게 아니었다. 오른팔이 부자연스럽게 접히고 오른쪽 발이 자신의 의지와는 다르게 철푸덕하고 놓여졌다. 기차가 일정한 소리를 내며 철로를 달리듯 남자는 일정한 몸짓으로 걸음을 옮겨놓고 있었다. 어디선가 본 듯한 걸음걸이였다. 뇌졸중 환자들이 한쪽으로 쏠려 걷는 걸음걸이와 닮은 모습이었다. 나는 걷고 있는 남자를 자세히 보았다. 남자는 백팩을 메고 이어폰을 끼고 밤인데도 불구하고 선글라스를 끼고 있었다. 내가 남자 뒤를 따라 걸어간 정확한 이유는 없다. 어쩌면 그의 걷는 모습 때문이었을지도 모른다. 남자는 멈출 생각이 전혀 없는 기차처럼 앞만 보고 걷고 있었다. 철퍼덕철퍼덕. 그의 부자연스러운 걸음이 내 마음에 알 수 없는 통증을 만들었다. 끝없이 이어진 베니스의 골목을 남자는 쉼 없이 걸었다. 나는 그 뒤를 따라갔다. 얼마 후 남자가 멈췄다. 그가 멈춘 곳은 바닷가였고 닻을 맬 수 있는 둥근 기둥이 있는 곳이었다, 남자는 그 기둥에 앉아 가방에서 물을 꺼내며 어디까지 따라올 건지 물었다. 힘겹게 물병을 열고 물을 벌컥벌컥 마시고 난 남자가 다시 말했다.

"왜 따라 오냐고요? 당신은 지금 나를 따라오고 있잖아요."

나는 걷고 있다고 말했다, 그게 그와 같은 방향일 뿐이었다고 변명했다.

"그래요? 그럼, 먼저 가요."

나는 가지 않고 가만히 서 있었다. 한참 후에 사실, 당신을 알고 싶다고 말했다.

"혹시 내가 불쌍해 보이기라도 했나요?" 남자가 말했다.

나는 그에게 연민을 가질 여유가 없다는 것과 내 문제만으로도 벅차다고 이야기했다. 이상하게도 당신을 보니까 알 수 없는 통증이 느껴져서 옆에 있는 거고, 이유를 알 수 없지만, 당신이 아픔을 짊어지고 걷는 것처럼 보였다고 말했다.

"사실 지금 내가 혼란한 상태라 누군가와 이야기하고 싶어서 그래요."

"혼란하다는 건 힘들다는 건가요?"

내 말을 들은 그는 한 풀 꺾인 목소리로 물었다.

"네, 맞아요. 힘들어요. 제가 옳지 않은 선택을 했는지 모른다는 불안감이 있어요."

"관광객인가요?"

남자는 나를 쳐다보지 않고 물었다.

"그렇다고 해 두죠."

우리는 서로를 물끄러미 쳐다보았다. 하지만 선글라스를 끼고 모자까지 눌러쓴 그의 눈을 볼 수 없었다. 아직 짙은 어둠인데 남자는 새벽이 다가오고 있다고 말했다. 곧 밝아질 것이므로 집에 가야 한다고 하며 일어서더니 모자에 손을 얹고 인사를 했다. 그러고는 접힌 오른팔을 앞쪽에 붙이고 다리를 절룩거리며 걸어갔다. 그 모습을 보고 남자가 나처럼 평탄한 삶은 아니었을 것이라는 생각에 연민이 올라왔다. 내가 느꼈던, 즉 바닥으로 내려가는 우울을 그도 가지고 있을지 모른다는 생각에 눈물이 왈칵 쏟아졌다. 나는 뛰어가서 뒤에서 그를 안았다. 남자가 멈칫했다. 그는 말없이 내가 손을 풀 때까지 가만히 서 있었다. 그 침묵은 나에게 마음을 열었다는 의미 같았다. 나는 그의 뒤를 따라 미로 같은 골목 안으로 들어가면서 출구 없는 미로 안으로 들어가고 있는 기분이 들었다.

그는 도시 외곽에 있는 오 층으로 된 낡은 건물 앞에 멈췄다. 그리고 그는 말없이 한참 동안 움직이지 않고 서 있었다. 돌아가고 싶으면 돌아가라는 의미 같았다. 그를 따라 건물 안으로 들어갔다. 오래되어 보이는 엘리베이터가 덜컹거리며 내려왔다. 우리는 좁은 엘리베이터를 타고 삼 층에서 내렸다. 그는 자유롭지 않은 오른손 때문에 열쇠로 문을 여는 데 한참이 걸렸다. 문을 열고 집안에 들어서자 방 안은 밖에서 보는 것과 다르게 잘 꾸며져 있었다. 남자는 지친 모습으로 소파에 털썩 주저앉았다.

나는 그가 왜 밤새도록 걸었는지를 물었다.

"낮 동안에 잘 수 있으려면 피곤한 밤이 필요해서요."

남자는 굼뜬 동작으로 주방에서 원두를 꺼내 블라인드에 넣었다. 불편한 손 때문에 원두를 꺼내고 닫는 그의 동작들이 힘겨워 보였다. 그는 왼쪽 가슴과 팔고 그것을 감싸 안고 원두를 갈기 위해 돌렸다. 꽤 오랜 시간 동안 그것을 돌려서 가루를 낸 다음 기계에 넣고 커피를 내렸다. 밤은 익숙한 삶의 냄새를 가라앉혀 놓았다. 그래서인지 공간을 채우며 다가오는 커피 향이 아주 진하게 느껴졌다. 익숙한 냄새가 긴장을 풀어주었다. 커피 두 잔을 동시에 들지 못하는 남자는 한 잔을 들고 와서 내 앞에 놓았다. 몸이 자기 뜻과 달리 휘청거려서 커피가 쏟아졌다. 내가 도움을 주려고 일어서려고 하자 그가 손으로 막았다. 그리고 나머지 한 잔을 마저 들고 와 탁자 위에 올려놓고 내 맞은편에 앉았다. 그는 선글라스와 모자를 벗지 않았다. 나는 두 손으로 커피잔을 감싸 쥐고 남자를 자세히 보았다. 그의 입이 조금 돌아가 있었다. 내가 생각했던 일이 맞는다면, 그는 뇌졸중으로 쓰러졌을 것이다. 그가 쓰러지는 모습을 상상해 보았다. 그는 젊었으니까 지병이 없었을 것이다 하지만 극심한 스트레스 상황이 생겼고, 그는 그것을 견디지 못해 쓰러졌을 것이다. 그리고 그는 그것을 이겨내기 위해 밤새 걷고 있는 것이리라. 젊은 그를 쓰러뜨릴 정도의 힘겨운 일이 무엇이었을까?

"이야기해 줄래요? 무엇이 당신을 쓰러뜨렸는지."

남자는 의외로 쉽게 자신의 이야기를 했다.

"여자 친구와 결혼할 생각이었어요. 그래서 아버지에게 인사하러 갔지요. 일주일 동안 아버지와 함께 지내기로 했었어요. 그때 나는."

그는 잠깐 깊은숨을 내쉬었다.

"나는 그녀와 아버지가 함께 침대에서 뒹구는 모습을 보았어요. 보지 말았어야 했던 장면이었지요. 그들은 본능이었을까요? 사랑이었을까요? 나는 아직도 그것을 알 수 없어요."

그는 진지하게 자신의 괴로움을 이야기하고 있었다. 한쪽이 굳어서인지 아니면 어눌한 말 때문이지 모르지만, 과장되게 말하고 있는 것처럼 보였다.

"그들이 나눈 섹스는 에덴동산의 선악과 같은 것이었을까요? 아니면 자유 선택 의지에 해당한 것일까요?"

그가 다시 양분법적으로 질문을 했다. 나는 그런 그를 가만히 바라보고 있다가 남자 앞으로 걸어갔다. 그리고 그의 선글라스를 벗겼다. 그의 한쪽 눈이 어색하게 내려와 있었다. 영향을 받지 않는 다른 쪽 눈동자의 색은 진한 파란색이었다. 그의 얼굴을 쓰다듬었다. 갑작스러운 나의 행동에 남자의 몸이 긴장하는 게 느껴졌다. 그의 손에 들려 있던 커피잔을 내려놓았다. 나는 그의 몸을 애무하기 시작했다. 긴장으로 굳어있던 그의 몸이 부드러워졌다. 나는 그의 무릎에 앉아 얼굴을 쓰다듬었다. 그가 훅하고 긴 숨을 내쉬며 키스했다. 그의 입김은 뜨거웠고 커피 향이 났다.

그의 옷을 벗겼다. 그는 내 손길에 자신을 맡겼다. 그의 알몸은 옷을 입었을 때보다 훨씬 남성적이었다. 뇌졸중으로 쓰러지고 나서 움츠리고 있었을 그의 육체가 기지개를 켰다. 우리는 서로를 받아들였다. 오래된 연인처럼 우리는 침대에 누워있었다. 창밖으로 날이 밝아 오고 있었다. 침대에서 내려오려고 하자 그가 내 손을 잡았다. 그 손이 말했다. 조금만 더 있어요. 조금만.

"그랬었군요. 그래서 걷고 있었던 거군요."

나는 그에게 등을 보인 채로 누워 말했다.

"걷지 않으면 나는, 미쳐버릴 것 같았어요. 밝은 낮에 이렇게 걷는다면 무대 위에서 스포트라이트를 받으며 절뚝거리는 것 기분이었을 거요. 방 안에서 남은 삶을 보내고 싶지 않았어요. 그렇다고 밝은 세상에 온전히 들어갈 수는 없었고."

나는 돌아누워 그의 이마에 키스했다.

"그런데 말이에요. 육체가 그렇게 중요한 것일까요?"

내가 말했다.

"그렇지 않나요? 나의 몸, 나의 마음, 나의 생각, 나의 감정. 몸도 마음도 생각도 다 나의 것이라고 하잖아요. 모든 걸 나로 부르는 어떤 것인지 그게 곧 나는 아니잖아요. 그러니 다른 부분을 찾아봐요."

"다른 부분?"

그가 말했다.

"기울어진 육체 때문에 당신 전체가 기울어지고 있는 건 아니지요? 빨리 회복되길 바랄게요. 몸이든 마음이든 당신에게 속한 그 무엇이든 전부 다요."

"다시 올 건가요?"

"글쎄요. 나는 곧 이곳을 떠날 거예요."

샤워를 하면서 불행해 보이는 저 남자가 정말 잘살았으면 좋겠다고 생각했다. 더러워진 옷을 입지 못하고 남자의 티셔츠를 입고 밖으로 나왔다. 햇빛 때문에 눈이 부셨다. 나는 요트로 돌아왔다. 거기에는 모델 부부도 닉도 보이지 않았다. 나는 곧 깊은 잠에 빠져들었다. 꿈도 없는 깊은 잠을 깨운 건 닉의 전화했다.

"어디?"

나는 그에게 요트에 돌아왔고 자고 있었다고 이야기했다.

"당신, 괜찮아? 나는 오늘 이곳의 일을 마무리할 거야. 늦은 오후에 들어갈 거고, 우리는 내일 두브로브니크로 돌아갈 거야."

나는 알았다고 대답했다.

닉이 일찍 돌아왔다. 그날 밤 모델 부부가 다시 찾아왔고, 우리는 샴페인과 와인을 마셨다. 나는 취하기 위해 빨리 마셨다.

"취했군. 눈동자가 풀렸어."

닉이 말했다.

"내가? 멀쩡해요. 이것 봐요. 멀쩡하잖아."

나는 음악에 맞춰 춤을 추다가 모델 남자의 무릎에 털썩하고 쓰러졌다.

"취한 것 같은데요."

그 남자는 나의 허리를 끌어당겨서 자기 무릎에 앉혔다. 나는 그의 무릎에서 닉이 여자와 침실로 향하는 것을 바라보았다.

"괜찮으세요?"

"뭐가요?"

"취한 것 말이에요."

"당신은 괜찮아요?"

"뭐가요?"

"지금, 이 상황."

"그녀가 원하잖아요. 인간은 모두 자유를 누릴 수 있는 거니까요."

"그렇군요. 자유군요."

남자가 다가왔다. 그가 키스하려고 몸을 굽혔다. 나는 눈을 감으며 생각했다. 맞아, 인간은 누구나 자유를 누릴 권리가 있으니까. 나는 그날 밤 있었던 일을 기억하지 못했다. 아침에 눈을 떴을 때, 나는 닉과 다른 방에 잠들어 있었다. 젊은 부부는 일찍 나갔는지 보이지 않았다. 어쩌면 나는 내게 일어난 이 일에 익숙해질지도 모른다는 생각이 들었다. 처음이라는 두려움을 넘어서면 곧 어떤 일에 일어난 죄책감이나 두려움이 둔감해지기 마련이니까.

다음날 우리는 두브로브니크로 돌아왔다. 닉은 변함없이 평온하기 그지없는 얼굴을 하고 있었다. 잘못된 것도 같고 그렇지 않은 것도 같은 정리되지 않는 어떤 감정이 점점 나를 옥죄고 있었다.

나는 복잡한 마음을 달래기 위해 노천 시장으로 나갔다. 린다와 마르코가 물건이 담긴 작은 수레를 끌고 오는 게 보였다. 마르코는 물건을 내리기에 앞서 바닥에 놓아둔 넓은 판자를 수레 옆에 세웠다. 그리고 물건이 실린 박스를 내리기 시작했다. 물건을 내리는 것은 언제나 마르코의 몫이었다. 수레에서 물건을 다 내리고 나서 판자가 있었던 자리에 그것을 밀어 놓았다. 커다란 나무판을 들어 올려 수레 위에 얹고 접혀 있는 부분을 펼쳐 놓았다. 나머지 일은 린다가 했다. 그녀는 판자 위에 흰 천을 덮어씌우고는 물건들을 펼쳐 놓았다. 린다는 다섯 개 묶음에 100쿠나로 맞추어 놓은 라벤더 오일을 정리해서 얹었다. 50쿠나가 적힌 작은 손글씨를 두 개로 묶는 비누 상자 앞에 두고, 말린 라벤더 꽃묶음을 10쿠나로 정해두었다. 그녀가 펼치고 있는 물건들은 작고 보잘것없는 것이 대부분이어서 관광객들이 물건을 사 가더라도 곧 폐기해 버릴 것 같은 물건이었다. 내가 보기에 그들은 힘겹게 삶을 버티고 있는 것처럼 보였다. 제 생명을 지키는 일조차 벅차 보일 정도로.

나는 린다와 마르코가 몇 시간 남지 않은 하루살이같이 앉아있는 옆에 가서 앉았다. 초췌한 린다의 얼굴은 겨울 동안 더 구겨진 모습이었다.

"로즈, 얼굴이 왜 이래?"

"네?"

"그동안 무슨 일 있었어?"

린다는 역삼각형 망토를 미사포처럼 쓰고서 눈동자를 동그랗게 굴리면서 큰소리로 물었다.

"내 얼굴이 어때서요?"

"살이 너무 많이 빠져 초췌해 보이기까지 하잖아."

커피를 내밀던 마르코와 눈이 마주쳤다. 더 맑아진 그의 눈빛이 나를 걱정하고 있다는 것을 역력히 드러냈다.

"무슨 일이야? 우리는 친구이고 가족이야. 그러니 다 말해도 괜찮아. 도대체 무슨 일이 있었던 거야? 응?"

가족? 나는 한국에 있는 가족을 떠올렸다. 그리고 닉과 내가 가족인지를 생각했다.

"이거 얼마에요?"

내 또래로 보이는 여자 관광객 둘이 라벤더 오일을 만지작거리며 물었다.

"100쿠나에요."

작년보다 훨씬 많아진 주름을 활짝 펴면서 린다가 대답했다.

"이것 봐. 이것들 너무 낡았어."

한 여자가 다른 여자 귀에 대고 소곤거리는 소리가 들렸다. 그들은 집었던 물건을 제자리에 두고 다른 곳으로 가버렸다. 린다와 마르코는 겨울 동안 팔리지 않았던 물건을 쌓아두었다가 다시 들고 나온 모양이었다. 그들이 진열해 둔 매대 위에는 봄이 지나도 팔릴 것 같지 않은 경쟁력 잃은 낡은 물건들이 가득했다. 그 물건들은 린다와 마르코를 닮아 있었다.

나는 두 사람을 보며 부모님을 생각했다. 온유하고 가난한 그러면서도 자기 삶에 감사하는 모습이 닮은 그들의 낡은 삶을 보며 알 수 없는 통증이 생겼다.

"저 갈게요."

나는 그 아픔에서 벗어나기 위해 발걸음을 옮겼다.

＊＊＊＊

스르지 언덕에 올랐다. 그곳에는 여전히 바람이 불고 있었다. 시간은 모든 것은 변하게 한다는 진리에 순응이라도 하듯 바람은 바뀌어 있었다. 나는 가을바람에서 느꼈던 자유와 사랑을 확인하려고 마음을 모았다. 하지만 그때의 바람은 이미 사라지고 없었다. 나의 무덤을 찾았다. 동그란 돌무덤이 그대로였다.

처음 닉과 만났을 때를 떠올렸다. 자유를 운운하던 남자. 그가 말하던 자유와 내가 생각했던 자유는 다른 것인가. 나는 맞지 않는 옷을 입은 것처럼 그의 자유가 불편한 것이 되어 있음을 깨달았다.

오랫동안 무덤을 바라보다가 나의 자유를 무덤 속에 그

대로 넣어 둔 채 언덕을 걸어 내려왔다. 피로가 몰려왔다. 요트로 돌아온 나는 방에 들어가 침대에 누웠다. 눈을 감고 있다가 깜빡 잠이 든 모양이었다. 휴식을 취하기 시작할 때는 창밖에 노을이 있었는데 눈을 뜨니 바다가 검게 변해 있었다. 바다에 일렁이고 있는 불빛은 마치 스크레치 기법으로 그림을 그려놓은 듯 여러 가지 색으로 어른거렸다. 저녁 식사를 하기 위해 레스토랑에 다녀와야겠다고 생각하며 침대에서 내려왔다. 그때 바깥에서 소리가 들렸다.

"언제 왔냐?"

"일주일 전에요."

"그런데 왜 관리인 필립은 나에게 연락을 안 했지? 어쨌든 잘 왔다."

"당분간 아무에게도 이야기하지 말라고 부탁했어요. 특히 아버지에게요. 때가 되면 직접 연락하겠다고 해서 그랬을 거예요."

"흠, 너는 여전히 나를 미워하고 있구나."

"저 방문은 여전히 잠겨 있더군요. 그것은 나에 대한 미안함이나 지난 일에 대한 후회 때문인가요?"

"미안함? 글쎄, 그건 릴리의 자유 의지였고 그녀의 선택이었으므로 나와는 상관이 없다고 생각한다. 그녀가 저 방에서 자살한 일까지 말이다."

"아버지! 릴리는 그냥 여자가 아니라 아들의 여자 친구
였어요. 그것도 결혼할 여자였다고요. 그리고 릴리의 선택
뿐 아니라 아버지의 선택도 포함된 것 아닌가요? 저는 아
버지가 나에게 용서를 구할 줄 알았어요. 그런데 아직도
자유를 운운하시는군요."

나는 문을 열려다 말고 그들의 대화가 심각하게 들렸으
므로 나가려다 멈추었다. 그리고 대화 내용으로 보아 닉의
대화 상대가 그의 아들임을 짐작할 수 있었다.

"흠, 나는 말이다. 이제 괴로운 생각을 안 하고 싶구나.
특히 나를 힘들게 하는 과거의 일은 더욱 그렇다. 인간이
살아가면서 얼마나 많은 실수를 하면서 살아가는지 누구
나 알고 있지. 내 나이에는 지나간 일을 덮어두고 열고 싶
지 않다고 생각한단다."

"그럼, 저는요? 아버지와 릴리의 일을 잊을 수가 없어서
고통 속에 사는 저는 어떡하라고요. 제 나이에는 주변에서
일어난 일을 아무렇지도 않게 묻어둘 수가 없다고요."

"어쨌든 그 일은 유감이구나. 나는 네가 그 일을 잊어버
리고 새로운 삶을 살았으면 한다, 새로운 만남이 있으면
지나간 일은 아무것도 아닌 것이 될 거야."

"그건 아버지가 사는 방법이고요. 저는, 아니에요."

"네가 너무 어려서 아직 인생에 대해 다 이해하지 못하는 것 같구나. 너와 나 사이에는 시간이 더 필요한 것 같구나."

"그래요. 백 년이나 천 년쯤의 시간이 더 필요할 것 같네요. 그러면 저절로 잊히겠지요. 아무렴요. 시간이 해결하지 못할 일은 없으니까요. 네, 네."

나는 닉의 아들이 빈정거리면서 이야기하고 있다고 생각했다.

"빈정거리지 마라. 다 지나간다. 시간이 해결해 줄 거야. 참, 네가 인사해야 할 사람이 있다. 이야기 들었니? 나는 결혼했다."

"들었어요. 하지만 나는 아버지의 생각이 바뀌지 않았다면 결혼하지 말았어야 했다고 생각해요. 아버지는 다른 사람을 고통스럽게 한다고요."

"하지만 나는 이미 했다. 가장 중요한 것은 내가 그녀를 사랑하고 있다는 사실이야. 그리고 우리는 함께 삶의 자유를 누리고 있단다. 로즈, 로즈!"

닉이 부르는 소리가 들렸다. 이런 상황에서 그의 아들과 인사하는 것이 어색하다고 생각하며 나는 잠시 머뭇거렸다.

"로즈, 이리 나와 봐. 인사할 사람이 있어."

닉이 방문을 열고 서서 말했다. 나는 할 수 없이 천천히 거실로 나왔다. 우리는 거실에 앉아 있는 그의 아들 쪽으로 다가갔다.

"여긴 로즈야. 미카엘, 인사하렴."

우리는 서로를 마주 보았다. 그 순간 그의 아들이 얼어붙은 듯이 서서 움직이지 않았다. 나 역시 깜짝 놀란 눈으로 그를 바라보며 손으로 입을 막았다. 그는 베니스 골목을 함께 걸었던 그 남자였다. 나는 그 일이 있고 나서 잊지 못하고 있었을 뿐 아니라 그날의 일을 곱씹고 있었다. 하지만 그 남자가 닉의 아들이라는 사실을 안 순간, 일어나서는 안 되는 일이 일어났다는 생각이 들었다. 감당할 수 없는 죄책감과 수치심이 겹겹이 나를 둘러쌌다. 그것은 거대한 벽 같은 것이었다. 절대로 빠져나갈 수 없는 절망감이었다.

"왜 그런 표정으로 서로를 보고 있지? 마치 본 적이 있었던 사람들처럼."

나는 당황한 표정을 감추기 위해 주방으로 가면서 말했다.

"차를 좀 준비할게요."

"그래. 그게 좋겠군. 부탁할게."

닉이 말했다. 나는 피할 장소가 필요했다. 주방에 서서 숨을 크게 몰아쉬었다. 가슴이 두근거리는 것을 진정하려고 애를 썼다. 그들의 이야기가 크게 들렸다.

"이제 모든 걸 잊고 여기서 지내도록 해. 나는 네가 필요하다."

닉의 말에 그의 아들이 한참 침묵했다.

"만약에 말이에요."

닉의 아들이 말을 꺼내놓고 한동안 말이 없었다.

"그래, 만약에… 말을 해. 왜 머뭇거리지?"

닉이 말했다. 그러자 그의 아들이 입을 열었다.

"이건 정말 만일이라는 가정인데요."

"그래."

"제가 로즈를 만나겠다고 한다면 아버지는 괜찮겠어요? 아버지와 릴리에게 있었던 일이 저와 로즈에게 일어났다면요. 그래도 다 이해할 수 있겠냐고요?"

닉이 생각에 잠겼는지 거실이 조용했다. 얼마 후 닉의 목소리가 들렸다.

"나와 로즈는 완전히 자유로워지기로 했다. 그래서 오픈 메리지를 결정했고. 나는 그녀의 자유를 존중하고 있으니까 그녀의 선택으로 받아들여야겠지."

"상관없다는 말씀이신가요?"

닉의 한숨 소리가 들리고 한동안 침묵이 이어졌다.

"그건, 어쩔 수 없다.라고 표현하는 것이 맞을 것 같구나. 신중하게 생각해 봐도 정말 그런 일이 일어났다면 어쩔 수 없는 일이라는 생각이 드는구나. 나는 받아들일 수 있다."

닉의 이야기를 들은 나는 가슴을 관통하는 통증을 느꼈다. 그의 말은 일반적인 사람들이 듣기에 사랑하지 않는다는 말로 들리기도 하고 그와 나는 다른 개체로 살아간다는 것을 의미하기도 하니까. 그의 마음속에 말로 표현한 것과는 다른 감정들을 볼 수 있다면. 그의 말을 더 잘 이해할 수 있었을지도 모르겠다. 하지만 나는 그러지 못했다. 닉을 바라보았다. 먼 곳을 바라보며 생각에 잠긴 모습으로 이야기하는 그가 아주 나이 많은 노인이라는 것을 깨달았다. 그의 어떤 인생 경험이 지금의 그를 만들었을까? 경험이 주관을 만들고 주관이 계속 쌓이다 보면 돌처럼 단단한 아집이 되고, 그러면 그는 자기 생각이나 관념이 모두 옳은 것이라고 믿었을 것이다. 객관이 사라진 이기적인 자기중심을 사는 이들의 옳음은 다른 사람을 불편하게 만든다. 그들 자신은 가장 높은 차원을 살고 있다고 믿을 테지만 말이다. 나는 닉이 나쁜 사람이라고 생각한 적은 없다. 다만 아집이 되어 있는 그의 어떤 부분을 수용할 수가 없었다. 인간이 생각하는 모든 옳고 그름의 기준이 주관이라면 세상에는 옳고 그름이 존재할 수 없을지도 모른다. 나이가 든다고 결코 더 나은 인간이 되는 것은 아니다. 닉의 이야기를 들은 그의 아들은 아무 말도 하지 않았다, 머리를 숙이고 앉아 있다가 생각이 정리되었다는 듯이 자리에서 일어나 밖을 향해 걸어 나갔다. 여전히 한쪽으로 기울어진 몸을 기차처럼 철커덕거리면서. 나는 닉에게 글을 남겼다. 그가 그것을 이해했는지는 알 수 없다. 다만 나만의 방식으로 그에게 작별을 고했을 뿐이다.

다시 김치 냄새가 고인 집이다. 부모님이 나의 실어증을 걱정하고 있다. 그러나 나는 안다. 실어가 아니라 다시 묶였다는 것을. 하지만 이제 나는 그것을 풀려고 하지 않는다. 어쩌면 그것은 내가 풀 수 없는 끈일지도 모른다. 영원한 자유나 진리가 없는 주관적인 것이 인간의 삶이라면, 나는 아무것도 책임지지 않아도 된다고 생각했다. 삶은 내가 걱정하는 것보다 훨씬 가벼운 것이었는지도 모른다. 그때 어디선가 바람이 불어왔다. 그것은 스르지 언덕 내 무덤에 넣어 두었던 자유를 닮은 바람이었다.

소통의 부재, 통합된 자아 찾기

-최미정 소설집 『꼬리지느러미』

이덕화(소설가, 작가포럼 대표)

소통의 부재, 통합된 자아 찾기

-최미정 소설집 『꼬리지느러미』

이덕화(소설가, 작가포럼 대표)

1. 부재와 상처

문학적 의미망에는 늘 부재와 상처가 있다. 인물들의 결락된 것들에 대한 새로운 소망이 자유로, 또 유토피아에 대한 소망으로 나타나기도 한다. 상처는 미처 의미화하지 못한 결락을 메우는 행위로 소환되고 현재 삶을 강제하는 알리바이로 변환된다. 상처는 사회적 혹은 개인적 의미망으로 덧칠해지지만 필연성에 의한 통제력으로 삶 자체는 원상 복귀된다. 현존에 대한 새로운 인식과 보편화된 길과 자아 유지와 쾌의 욕망을 가로질러 고통에서 자유를 견인하는 새로운 길이 있다. 과격한 일탈과 파괴조차도 안온한 일상으로의 귀환을 염두에 둔 일종의 회복 서사이다.

최미정 소설집의 인물들이 가족이나 종교로도, 탈출구를 찾지 못한다. 자유를 찾아 떠났다가 다시 돌아와서 결국 신체를 떠남으로써 정신적 자유를 획득한다. 의식의 혼돈 속에서 현실을 헤매는 인물들은 결국 현실이 너무 공고해 그 벽을 뚫지 못한다. 기껏 타협해야 하는 것이 자신과의 타협이다. 현실의 강고한 벽을 인정하고 싶지 않은 자아가 찾는 자유는 결국 자신과의 타협 통합된 자아 찾기이다. 결국 통합된 자아 찾기는 현실의 또 다른 안주라고 할 수 있다.

최미정의 작품, 1편의 중편과 6편의 단편 속 인물들은 자신을 구속하는 가난, 종교, 가족으로 떠나고 싶어 하는 인물들이 대부분이다. 이 인물들은 견딜 수 없는 속박에서 벗어나려고 하지만 떠나지 못한다. 가난, 종교, 가족의 속박으로부터 자신을 바꾸려 하기보다는 현존을 설명하기 위해 타자를 재편한다. 결국 본래의 자신으로 돌아옴으로써 자신으로부터 떠났던 삶이 새롭게 다가온다.

최미정 작가의 첫 소설집임에도 작품의 소재에 따른 사

건의 배치와 그에 따른 상황 설정을 탁월하게 선택하고 있다. 장면의 핍진한 묘사는 그 인물들을 설득력 있게 그려내고 있다.

2. 소통의 부재, 통합된 자아 찾기

경험과 기억은 소모되기 위해서만 선택되고 경험과 기억 사이에 의미는 남지 않는다. 소설집에 실린 7편의 작품 대부분이 종교(「루미놀」,「꼬리지느러미」), 가족(「스르지에는 바람이 있었다」,「그녀의 공간」,「21그램」,「자각몽」), 주위에 의한 속박이 주를 이루고 있다. 이 소설집의 인물들은 대부분이 여성이다. 여성이기 때문에 현실이 지배하는 이데올로기와 배치되는 사회적 정서 아래 있다. 가족 이데올로기 혹은 남성 우월주의에 의해 인물들은 상처로 점철되어 있다. 그래서 그들은 의지할 대상이 생기면 바로 빠져든다. 그들의 짙은 상처, 고아 출신이라든가, 부모의 책임을 자신이 짊어져야 하는 가족의 억압에서 쉽게 벗어나지 못한다. 인물들은 상처 때문에 그들이 경험적 자아와 본래적 자아가 통합되어 있지 않다. 그러기 때문에 스스로에 대한 존엄성은커녕 자신을 부정하며 타인까지도 받아들이지 못한다. 그들은 타인과 있었을 때도 혼자에 몰입해 있다.

　미숙은 친구들이 이야기하는 소리가 멀리서 들리는 것 같이 웅웅거렸다. 둘이 이야기를 하다가 깔깔거리는데 미숙은 그녀들이 왜 웃는지 알 수 없었다. 둘은 남편과 있었던 일들을 이야기하며 속상해하기도 하고, 어떤 부분에 있어서는 들뜨기도 했다. 미숙에게 그들이 느끼는 낯선 감정을 바라보고만 있었다. 깊은 물속에서 그들이 대화하고 있는 것처럼 가끔 소리가 사라졌다가 들리곤 했다. (「자각몽」에서)

　위의 인용문에서처럼 친구들과 함께 있어도 초점 인물 미숙은 고립된 채 혼자만의 세계에 몰입하고 있다. 이런 인물들은 타인과의 만남에서 오는 기쁨이 없다. 특히 「21그램」, 「자각몽」의 인물은 남편이나 시어머니로부터, 혹은 아들로부터의 상처에서 오는 의식에의 혼돈은 주위 사람들과의 소통을 방해한다. 자신의 기대에 못 미치는 아들과 가정이 있음에도 외도를 아무렇지 않게 하는 남편에 의해 강요당하는 상처는 타인을 돌아볼 마음의 여유조차 갖지 못한다. 미숙보다 더 힘든 장애아들을 키우는 이웃에게도 자기 상처 때문에 그들이 보이지 않는다. 「자각몽」에서는 '처절한 삶을 연기한 열정적인 배우'에서 분장을 지우고 무대를 내려오는 순간, 연기자가 아닌 진정한 나로 돌아와서야 몸과 마음에 힘을 빼고 자연인으로 편히 살 수 있음을 새롭게 인식하는 계기로 작용한다. 「21그램」에서 결국 분열된 경험적 자아와 내면적 자아의 통합에 의한 진정한 자아의 발견으로 다시 가족과 통합할 수 있었다.

인생은, 거창해 보이는 삶은, 이거다 저거다 말로 정의 내리려는 순간 작고 하잘것없어진다. 나도 그랬다. 살아온 시간을 말로 표현하려는 순간 아무것도 남는 게 없다는 걸 깨달았다. 21그램이 머리에서 빙빙 돌았다. 그제야 나는 고해했다. 나를 화나게 한 사람은 남편도 아들도 아니었다. 나에게 화를 낸 사람은 나 자신이었다는 것을. 나도 모르게 눈물이 쏟아졌다. 전화기를 들었다. 그리고 삼 년 동안 만나지 못한 아들의 전화번호를 천천히 누르기 시작했다. (「21그램」 중에서)

자아의 통합을 위해서 자신으로 돌아간 인물 중 「꼬리지느러미」의 화자도 있다. 범꼬리의 자른 꼬리를 돌려주자 힘차게 물속으로 사라지는 것과 다르게 화자는 반대로 다리가 사라지면서 신체의 약화를 통해서 새로운 힘이 솟구치는 것을 느낀다.

육체가 사라져 보이지 않게 되었을 때 보이는 것. 저것일까. 어쩌면 처음부터 나는 육체가 아니었는지도 모른다. 생각과 의식에 조종당하던 육체는 껍질이었을까. 허물처럼 남겨진 육체를 바라보며 완전한 자유를 느꼈다. 근원이 된 나는 힘차게 솟구쳐 올랐다. (「꼬리지느러미」 중에서)

왜냐하면 내가 육체로 할 수 있는 것이 아무것도 없으니까. 다행인 것은 인간을 인간으로 있게 하는 것이 육체가 아니라는 사실이다. (「그녀의 공간」 중에서)

두 인용문에서 보는 것처럼 이 작품의 인물들이 신체를 부정하려는 의식은 현실적 삶의 팍팍함 때문이다. '육체가 사라져 보이지 않게 되었을 때 보이는 것'은 혼자만의 관념으로 흐를 때 생성된다. 인간은 타인과의 소통을 통해서 의식을 확대해나가고 기쁨을 느낄 때 올바른 의식이 공유되고 적합한 의식이 생긴다. 인물들의 고립과 자기주관적 세계의 자기몰입은 결국 자신에 대한 부정으로 온다. 그런

것에는 신체적 부정을 포함한 인간으로서 존엄성의 상실
이 주를 이루고 있다. 본래적 자신으로 돌아오면서 자신뿐
만 아니라 타인까지도 있는 그대로 받아들임으로써 세계
와 화합에 이르게 된다.

3. 자유의 필연성

「스르지에는 바람이 있었다」의 인물이 쉽게 자유를 핑
계 삼아 프리섹스 결혼상대자에게 빠져든다든가, 「꼬리지
느러미」의 고아 출신 작중 화자가 쉽게 자신이 의지할 대
상 사이비 종교인에게 빠져드는 것, 「루미놀」의 맹목적으
로 신에 의지하는 초점 인물이 다급한 백혈병에 걸린 아들
을 기도로 병을 고친다는 능력자에게 전적으로 의지함으
로써 결국 아들을 죽음에 이르게 하는 비정상인들이다. 그
들은 그들 스스로의 상처를 객관적으로 분석할 인물도 타
인에 대한 판단도 가지지 못한 인물들이다. 그들은 자신
의 존재를 위협하는 상처 때문에 공포에 사로잡힌 채 현실
에 쉽게 순응된다. 그들은 쉽게 자신에게 호의적으로 접근
하는 인물에게 속아 넘어간다. 파국은 외부가 아닌 일상의

내부 과잉에서 현실의 외피를 찢고 나온다. 상처로 인한 존재의 위협에도 그들은 현실을 좀처럼 바꾸기 힘들다. 오직 증오와 분노의 상태 속에 놓여 있다.

「스르지에는 바람이 있었다」 중편 작품인 이 작품 역시 전체 작품의 주제는 자유를 향해 있지만 가난한 가족으로부터의 속박으로의 자유이다.

바람의 자유가 내 안으로 들어왔다. 하늘과 땅에 이토록 자유가 가득했다니! 바람의 자유는 모든 게 사랑이 되는 순간을 경험하게 해주었다. (「스르지에는 바람이 있었다」 중에서)

인용문에서 '바람에서 느끼는 자유' 그 자체가 인물에게는 사랑으로 인식될 정도로 자유가 절실한 인물이다. 일인칭 화자인 '나'는 가족의 구속으로부터 절실하게 벗어나고 싶은 인물이다.

이미 불행했고, 이미 우울했으며, 어둠 비슷한 것이 나의 일부분이 되어있었다. 그것은 마음의 자유를 허락하지 않았고, 잘못된 종교적 신념처럼 나를 괴롭혔다. 가족을 위해 살지 않으면 찾아오는 죄책감과 단 무언가를 하지 않으면 안 된다는 강박으로 인해 한순간도 고요 속에 머무를 수 없는 상태가 되었을 때야 뭔가 잘못되었다고 생각했다. 스무 평도 안 되는 임대 아파트 안에 앉아 있으면 가끔 벽이 나를 향해 다가와 옥죄는 느낌이 들었다. 그러나 그 무엇보다 현재의 결핍보다 뻔히 들여다보이는 인생의 마지막이 나를 힘들게 했다. 모든 고통은 오롯이 나의 몫이었다. 살아내야 하는 현실이 벅찼다. (「스르지에는 바람이 있었다」 중에서)

위의 인용문처럼 작중 화자는 절실하게 가족과 가난의 족쇄에서 벗어나 자유의 삶을 살고 싶은 인물이다. 그녀가 택한 것은 프랑스의 자유였고, 결국 프랑스도 일상이 반복되는 또 다른 세계일 뿐이라는 인식이다.

그녀의 또 다른 선택은 철저한 자유를 보장한다는 부호와의 오픈 메리지였다. 결혼은 구속이 아니라 공유하는 삶이며 좋은 상대가 나타나면 언제든 그 대상과 섹스를 공유할 수 있다는 결혼 조건이다. 그녀가 그렇게 벗어나려는 가난에서 벗어나고 그토록 갈구하던 자유를 획득한 것이다. 그럼에도 화자는 물질적인 풍요로움과 그 삶이 주는 아름다움에 도취된 것도 잠시, 노천 시장에서 장사꾼 부부를 볼 때마다 느끼는 심리적 안정을 통하여 자유에 대한 혼돈이 일어나기 시작한다. 화자에게는 풍요와 아름다움이 있을지언정 일상의 삶은 사라졌다. 노천 시장의 장사꾼 두 부부가 주고받는 일상의 욕망에서 주고받는 흔적이 서로를 따뜻하게 감싸고 기쁨이 된다. 그러나 화자는 남편의 친구들이 찾아오면 그녀는 정원사가 잘 관리된 정원을 한 바퀴 돌고 이층에서 바다를 바라본다. 일상의 욕망이 사라진 자유는 공허만 남는다. 기쁨이 사라진 타인과의 만남이 자유의 바람은 아닌 것이다. 노천 시장의 장사꾼 부부를 통해서 본래적 자신을 찾을 때마다 자유의 허구를 이미 알았고 그것은 고통으로 부각된다. 깨달음의 자유는 고통을 통해서이다.

오픈 메리지를 결혼을 주장하는 남편의 자유는 한 명 남은 가족, 아들을 파멸시켰을 뿐만 아니라 마지막 가족으로 받아들인 아내 화자와의 결혼도 파국으로 몰고 간다. 베니스에서 우연히 만난 장애아인 남편의 아들을 쫓다 화자는 연민으로 사랑에 빠지고 섹스 관계까지 한다. 결국 프리섹스 결혼은 자기모순에 의해 스스로 파국으로 치닫는다.

자유는 필연성에 의한 자유, 우리의 본성과 일치하고 타자가 함께 동의하는 대상과 만났을 때 자신이 기쁨을 획득하고 충만한 삶이 된다. 자신의 본성과 일치하지 않는 자유, 기쁨이 없는 자유는 공허할 뿐이다. 그래서 홀로 선 개인이나 고독한 개인이 아니라 공동체 가족이나 공유하는 사회 안에서 피어나는 기쁨 속에서만 발견할 수 있는 자유만이 필연적인 자유이다.

화자의 자유를 찾는 행보는 고통을 동반한 삶에서 자유에 대한 새로운 인식으로 복원된다.

다시 김치 냄새가 고인 집이다. 부모님이 나의 실어증을 걱정하고 있다. 그러나 나는 안다. 실어가 아니라 다시 묶였다는 것을. 하지만 이제 나는 그것을 풀려고 하지 않는다. 어쩌면 그것은 내가 풀 수 없는 끈일지도 모른다. 영원한 자유나 진리가 없는 주관적인 것이 인간의 삶이라면, 나는 아무것도 책임지지 않아도 된다고 생각했다. 삶은 내가 걱정하는 것보다 훨씬 가벼운 것이었는지도 모른다. 그때 어디선가 바람이 불어왔다. 그것은 스르지 언덕 내 무덤에 넣어 두었던 자유를 닮은 바람이었다.

(「스르지에는 바람이 있었다」 중에서)

삶에서 기쁨이라는 것은 자신의 신체를 통해서 느끼는 충만함으로 자신의 역량 증가와 함께 타자와의 공유를 통해서 나타난다. 작품들의 인물들에게 기쁨의 정서는 거의 나타나지 않는다. 기쁨은 고통의 단계를 거치고 고유한 자신으로 돌아올 때만이 회복된다. 자유는 불가항력에 대한 감내, 필연성에 대한 승인에서 나온다.

4. 크로노스 시간과 카이로스 시간

고대 그리스인들은 누구나 일상의 스쳐 지나가는 크로노스 시간과 운명적으로 맞닥뜨리는 카이로스 시간이 존재한다고 믿었다. 최미정 작가의 이번 창작집은 각 작품의 인물들이 인생에서 한두 번밖에 경험할 수 없는 순간들을 통해 삶의 변곡점을 맞는다는 점에서 카이로스 시간에 해당된다. 작가도 작품 속에서 시간에 대한 응시의 작문들이 많다.

톱질을 시작하자 영원 전부터 영원 후까지의 시간이 회오리처럼 돌기 시작했다. 시공간이 사라졌다. 삶이 끝없이 영속되고 있었다. 윤회하고 있는지 아니면 직선을 뻗어가고 있는지 알 수 없는 무한의 삶에 나는 찰나로 존재하고 있었다. 먼지가 공간을 떠돌았다. 햇살이 창으로 들어와 사선으로 길게 먼지를 끌었다.

곧 사라질 허공의 먼지에서 영원의 가치를 찾으려고 했던 지난 날이 울렁거렸다. 나는 꼬리지느러미를 모두 잘라냈다. (「꼬리지느러미」 중에서)

위의 인용문에서 무한의 시간 속에서 찰나의 존재를 그리는 것이 최미정 작가의 작품 소재로 떠오르고 있다. 인생의 변곡점을 맞는 시간대를 작품 속에 형상화하고 있다. 쉽게 일상 속에서 접할 수 있는 사건이 아니라는 점에서도 그렇다.

「스르지에는 바람이 있었다」의 인물은 아르바이트로 떠난 프랑스에서 성폭행으로 일자리를 잘리고 세계 여기저기 사업체와 호텔을 가지고 있는 프리섹스 결혼을 즐기는 남자와 결혼한 사건이다. 사랑보다 자유가 우선인 결혼은 가족 구성원조차 상처를 남기고 파국으로 끝날 수밖에 없다. 가족으로, 가난의 탈출로 선택한 결혼은 고통 속에서 파국의 경험하고 나서야 진정한 자유의 의미를 인식하게 된다.

「그녀의 공간」의 초점 인물은 시어머니의 편견과 오만에 시달리면서 전업주부의 삶에서 벗어나고 싶어 한다. 언제 생겼는지 알 수 없는 불안한 감정이 어느 순간부터 걷잡을 수 없을 만큼 커져 감당할 수 없는 불안과 공포로 사로잡힌다. 혼자 사는 친구의 자유 시샘 때문인지 친구 집 남해를 다녀온 후 루게릭병으로 입원 현재는 눈동자만 움직이는 환자로 살고 있다. 그녀는 루게릭병을 통해 육체를 잃음으로 자유로운 의식으로 돌아온다.

영혼이 진짜 나라는 걸 안 순간 나는 무한의 공간을 가질 수 있었다. 영 차원으로 존재하는 무한의 나는 하루에도 몇 번씩 우주 공간을 유영하며 무한의 자유를 누리고 있다. 움직임이 둔해진 눈동자로 천장을 바라보았다. 컨디션이 좋아지면 다시 우주의 공간으로 여행을 떠날 예정이다. 그러나 나의 육체의 시공간은 이미 그 끝을 보이기 시작했다. 뜨거워진 비커 안의 물이 기포를 형성하며 끓어오르기 시작했다. 감옥이 된 육체로 다시 돌아올 일 없는 영혼은 가장 자유로운 내가 되기 위해 행복한 육체의 로그아웃을 기다리고 있다. (「그녀의 공간」 중에서)

이 작품의 초점 인물은 시어머니의 모멸감에 스스로를 견디지 못하고 자신의 의식을 교란, 불안과 공포 속에서 광적인 상태에 돌입, 결국 루게릭병을 얻게 된다. 자신의 현실의 삶을 손 놓음으로써 그들로부터 자유로워진다.

「내게로 온 너」역시 비슷한 작품구조이다. 고등학교 때부터 첫눈에 남편에게 반해 남편이 교통사고로 죽은 후에도 남편을 못 잊어 남편의 차를 타고 다닌다. 그러나 차 속에서 우연히 발견된 수첩에서 이미 자신을 사랑하기 전부터 사랑한 여인이 있었고, 그 대상은 충격적으로 친구였다. 자신은 혼전 자궁외임신으로 생산할 수 없는 몸인데, 그쪽에서는 자녀까지 낳고 지금까지 동거하고 있었다는 사연을 알게 된다. 유치원에서 만난 남편을 그대로 쏙 빼닮은 그 아이를 보는 순간 자신에게 다시 온 남편으로 생각해 유괴한다.

정신을 차리고 보니 나는 유치원 앞에 서 있었다. 놀이터에 놀고 있는 아이들 사이로 주연이가 웃고 있었다. 하얗고 고른 이, 아이의 손에 있는 큰 점, 그것은 성진이라는 징표였다. 그가 온 것이다. 주연에게 손을 내밀었다. 그러자 아이가 내 손을 붙잡았다. 이것 봐. 그가 나를 찾아온 게 확실하다니까. 마음이 들뜨는 것을 느꼈다. 나는 아이를 안았다. 내게 다시 온 그를 놓치지 않기 위해 있는 힘껏 달리기 시작했다. (「내게로 온 너」 중에서)

위의 인용문에서 보는 것처럼 이 소설집에서 일어나는

사건 대부분은 일상의 흐름 속에서 생긴 사건들이 아니다. 이 소설집의 인물들은 대부분이 현실을 평범하게 살아가는 여자인 만큼 주위 상처 때문에 강압된 삶을 스스로가 어찌할 수 없는 인물들이다. 그러기 때문에 신데렐라처럼 부호와의 결혼, 혹은 스스로가 그 상황을 회피하기 위한 자각몽을 꾼다든가, 루게릭병에 걸린다든가, 자신이 전적으로 의지할 대상에 몰입하는 방법밖에 없다. 그렇지 않으면 현실을 수긍하고 자유가 없는 삶을 살아야 한다. 그렇기 때문에 작가는 카이로스 시간을 도입 영원 속에서 순간의 빅뱅을 기대하지만, 그 사건을 통해 의식의 전환을 통해 그 변곡점을 어떻게 잘 활용하느냐에 달려있다. 인생은 쉽지 않다. 자신의 자아를 통합함으로써 새로운 기쁨을 만들고 조그만 기쁨이라도 그 확장을 통해 다른 사람과의 공유를 확대하고 연대감을 통해서 새로운 삶 전체를 공구할 수밖에 없다. 자신의 기쁨을 다른 사람들과 연대함으로써 그 기쁨은 배가 되고 새로운 자유와 삶의 확장을 경험할 것이다.

꼬리지느러미

최미정 지음

발행처   도서출판 **청어**
발행인   이영철
영업   이동호
홍보   천성래
기획   남기환
편집   방세화
디자인   이수빈 | 김영은
제작이사   공병한
인쇄   두리터

등록   1999년 5월 3일
   (제321-3210000251001999000063호)

1판 1쇄 발행   2023년 5월 30일

주소   서울특별시 서초구 남부순환로 364길 8-15 동일빌딩 2층
대표전화   02-586-0477
팩시밀리   0303-0942-0478
홈페이지   www.chungeobook.com
E-mail   ppi20@hanmail.net
ISBN   979-11-6855-154-1 (03810)